Origami
For kids

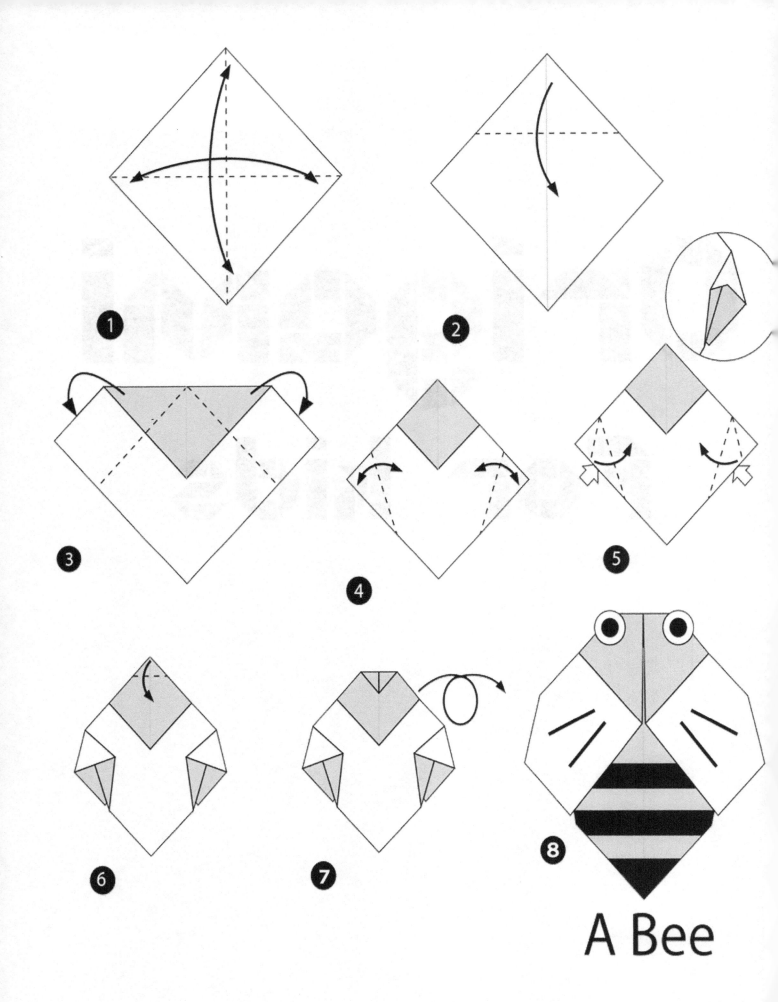

A Bee

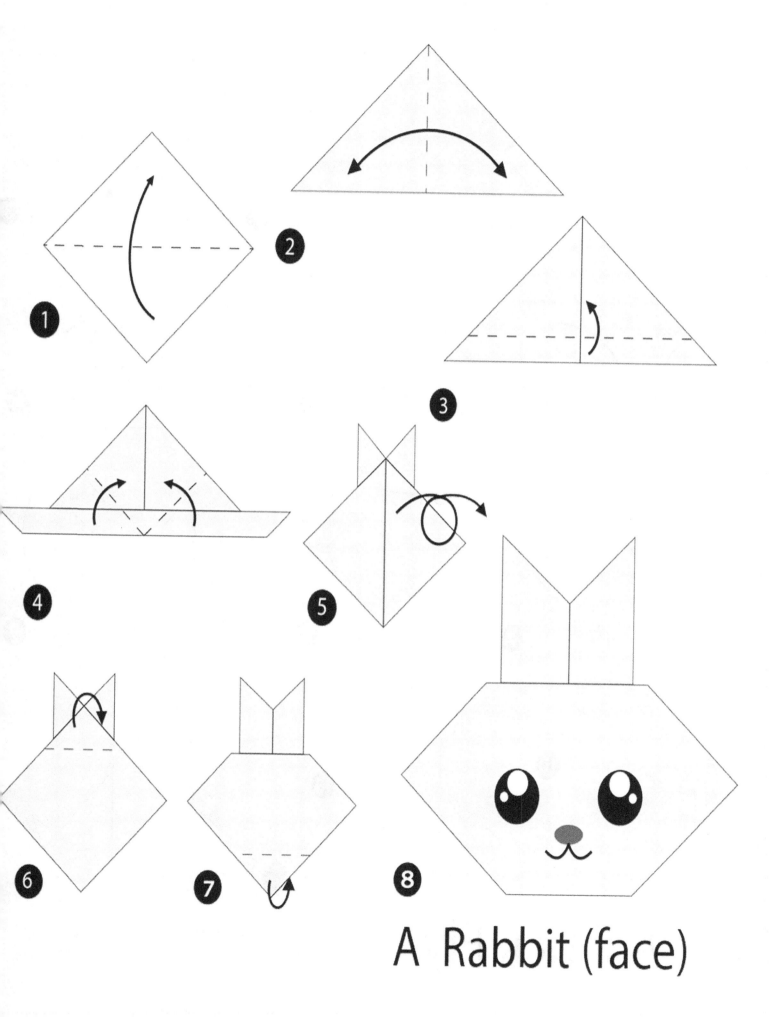

A Rabbit (face)

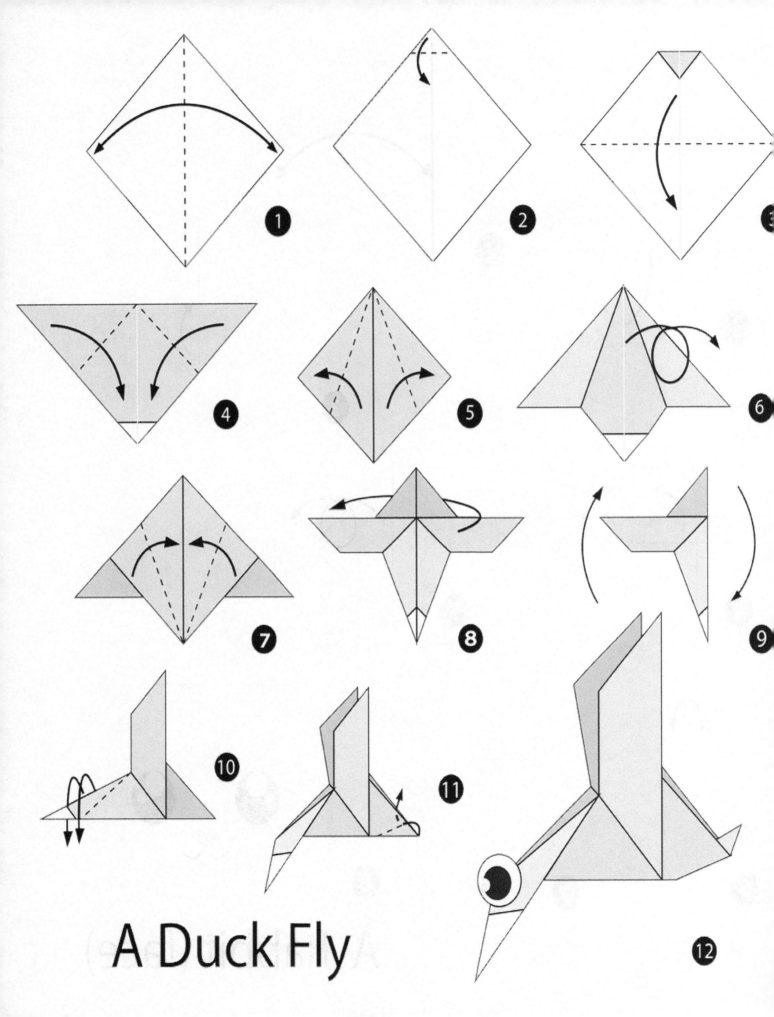

A Duck Fly

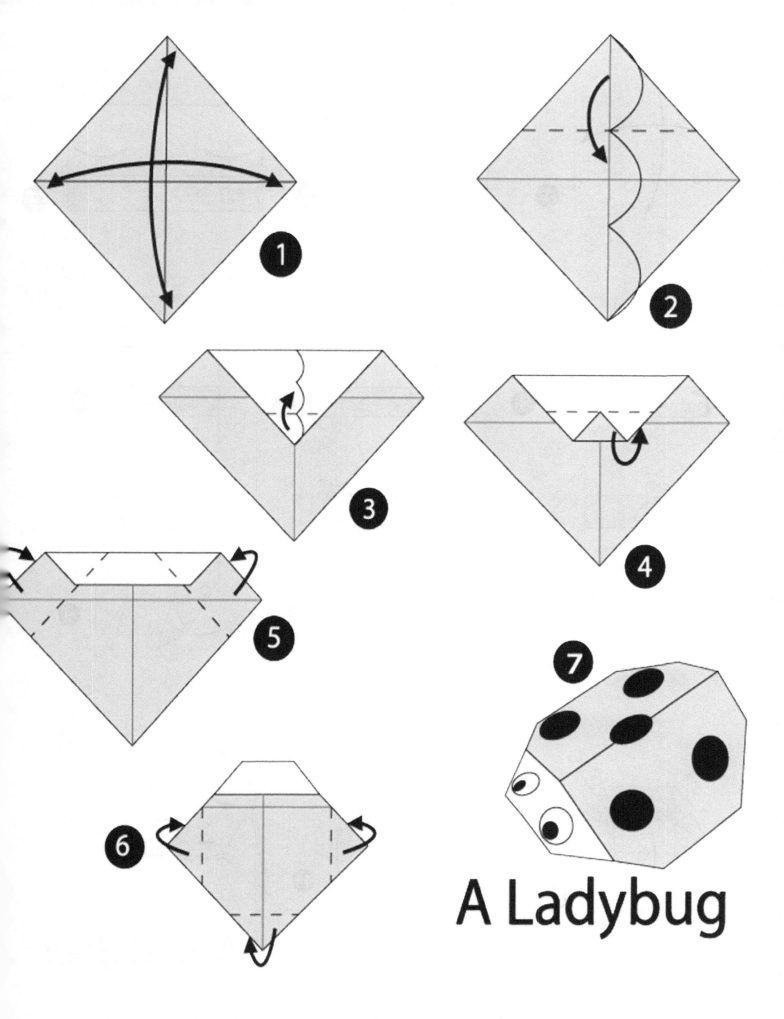

A Ladybug

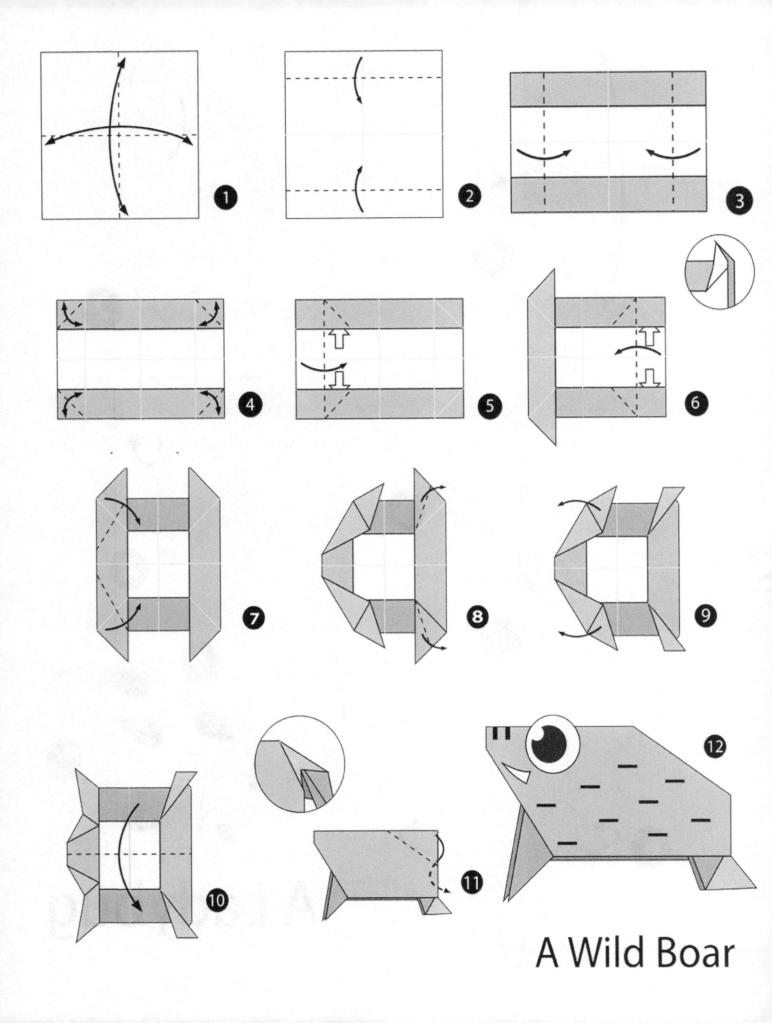

A Wild Boar

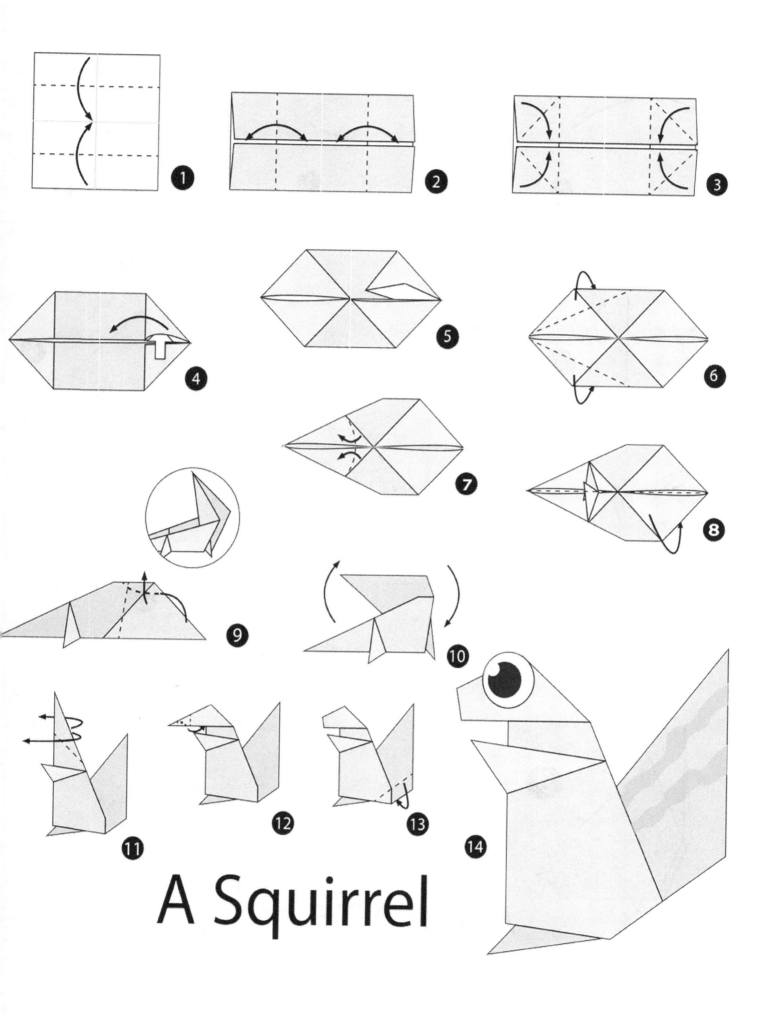

A Squirrel

A Giraffe

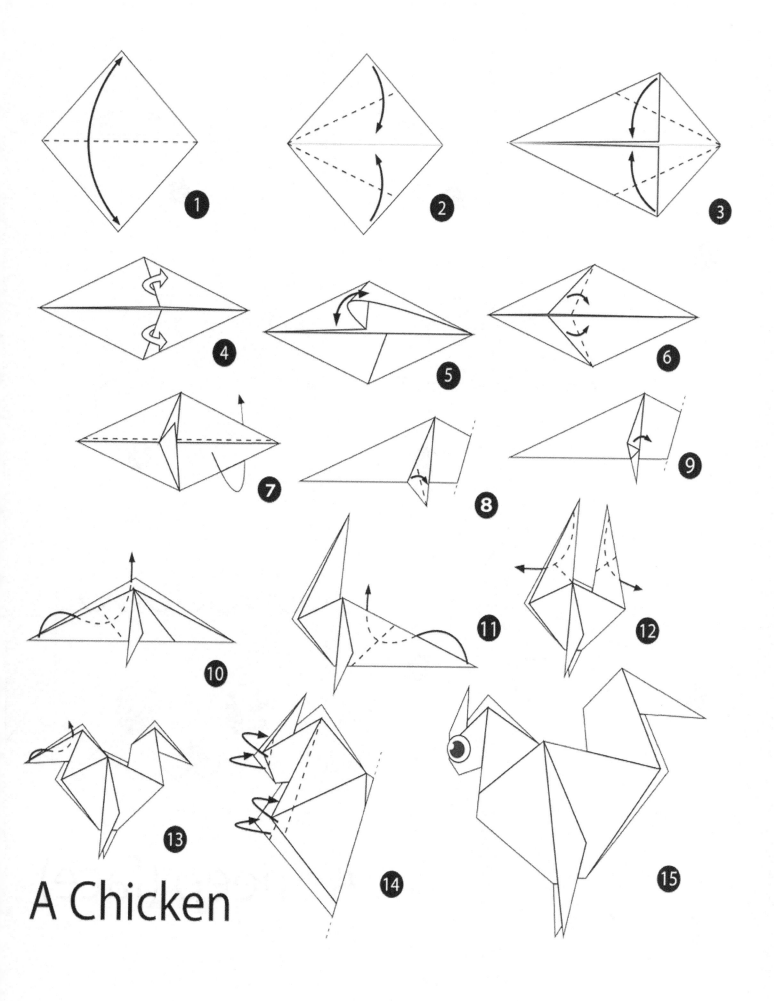

A Chicken

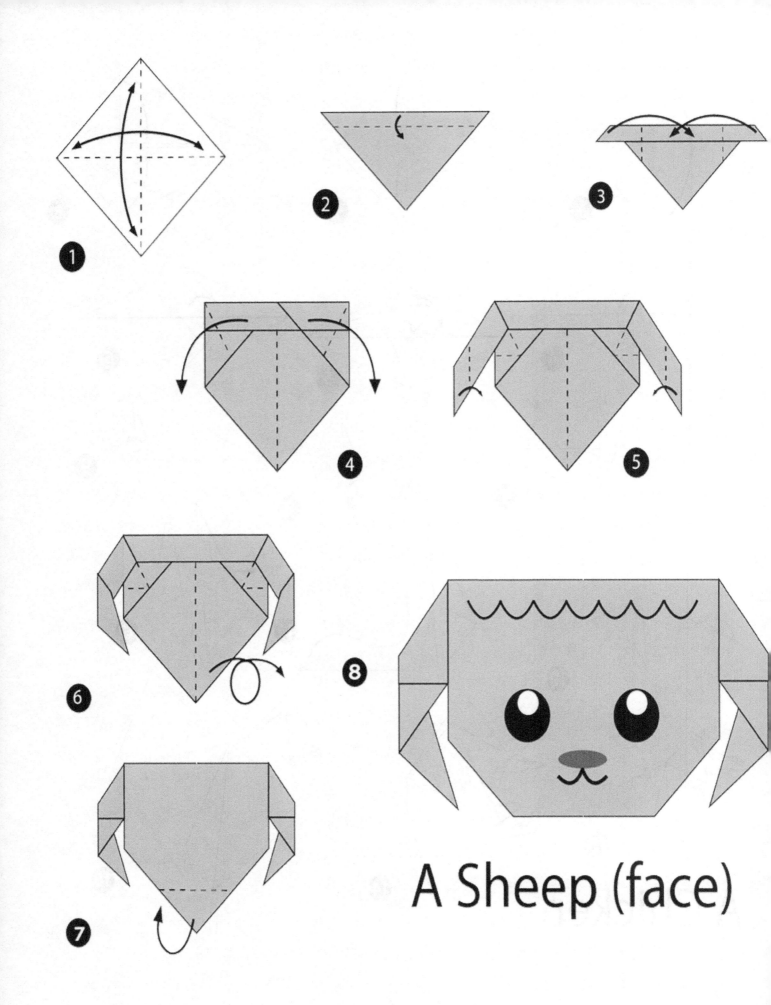

A Sheep (face)

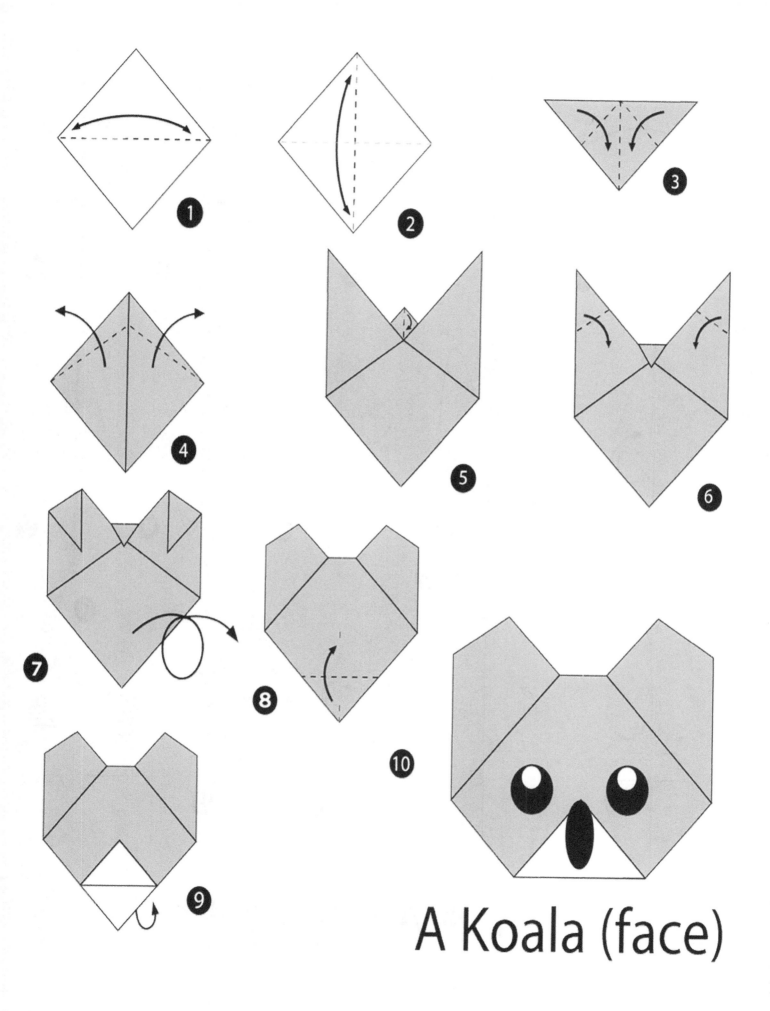

A Koala (face)

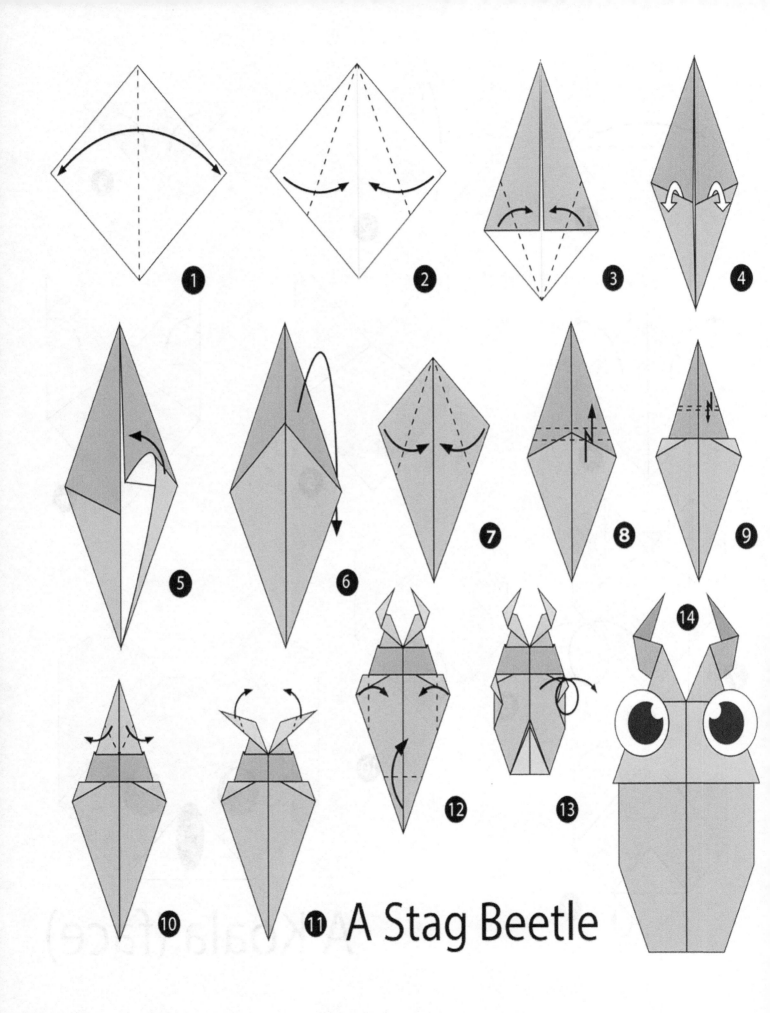

A Stag Beetle

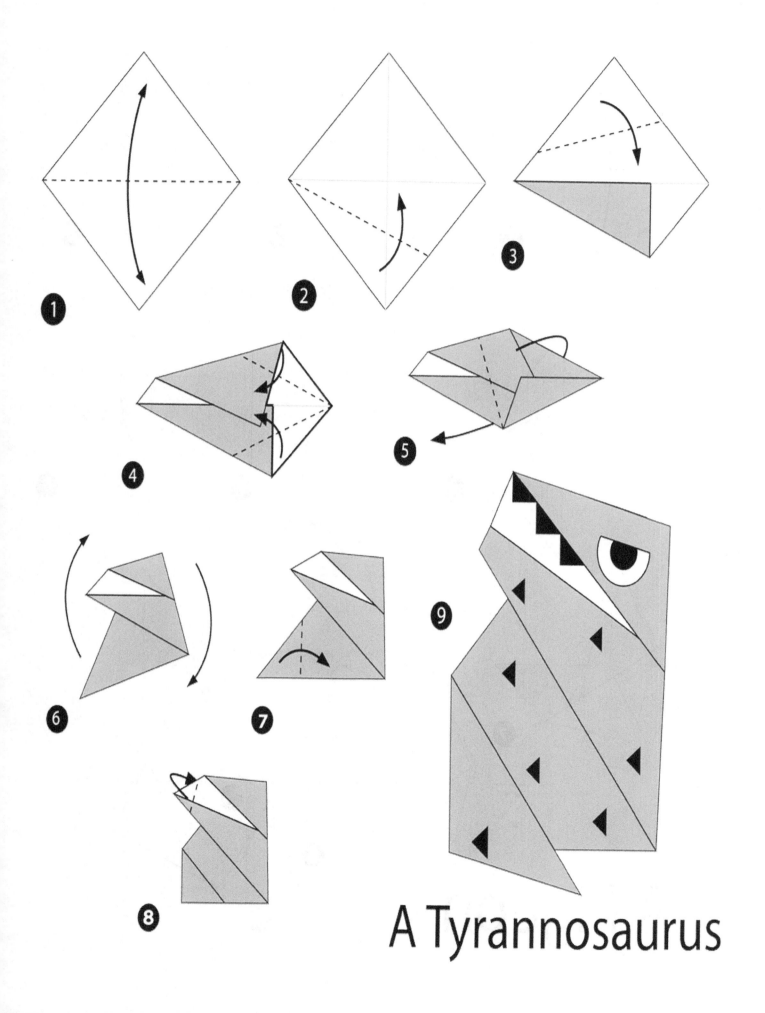

A Tyrannosaurus

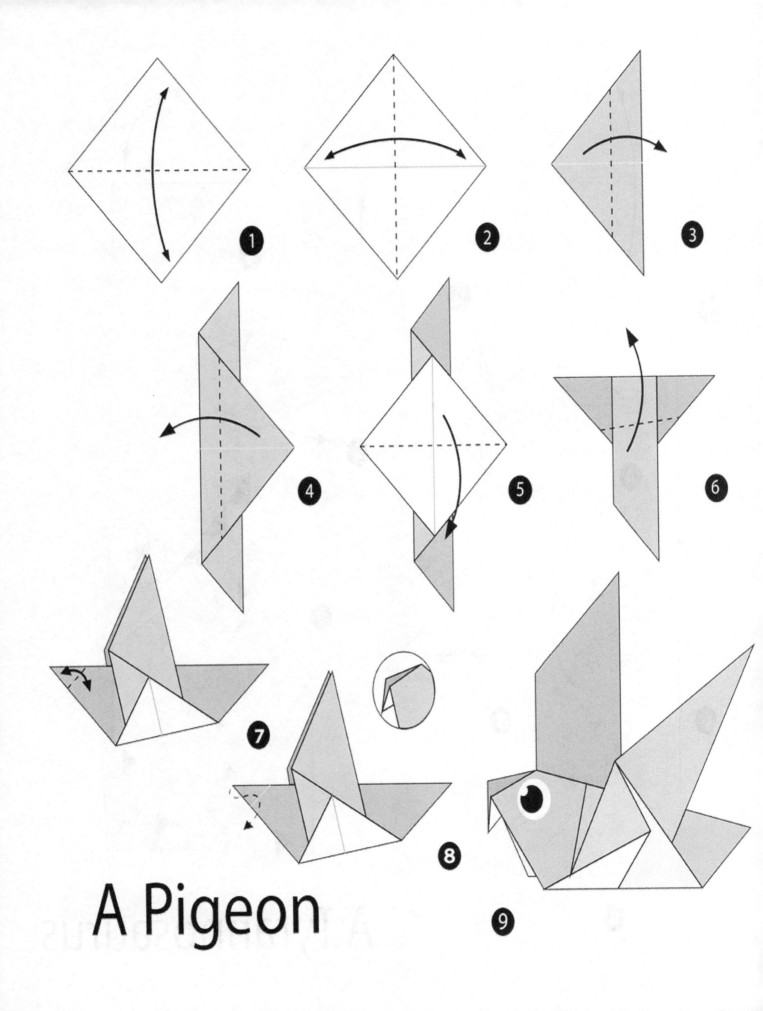

A Pigeon

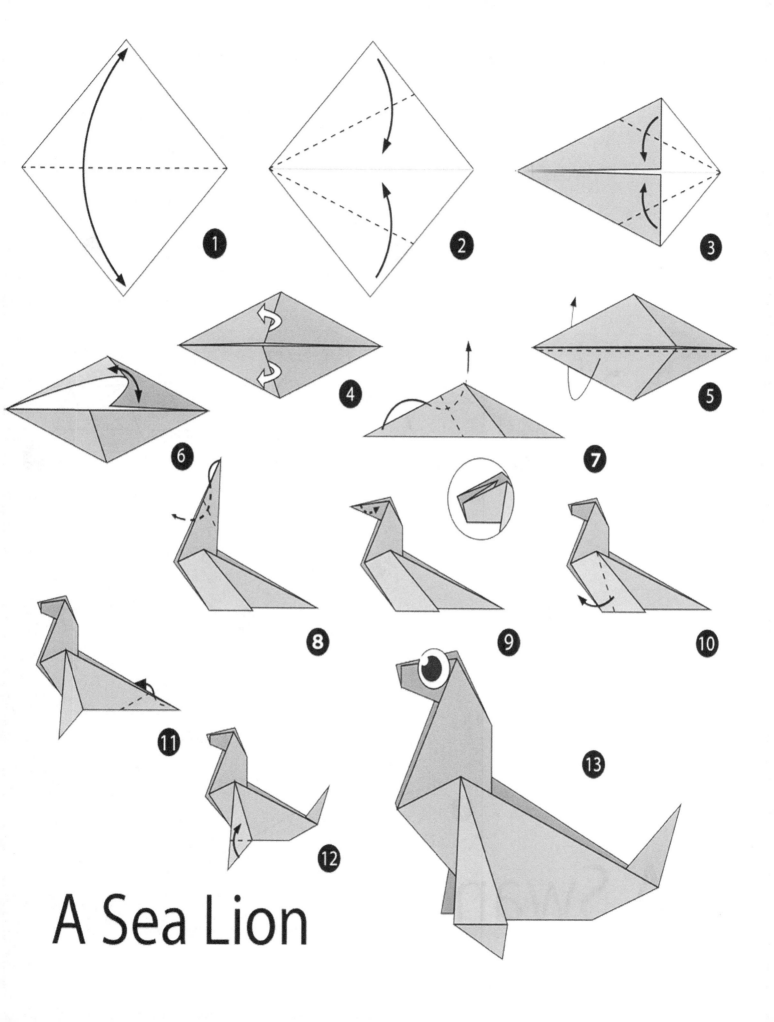

A Sea Lion

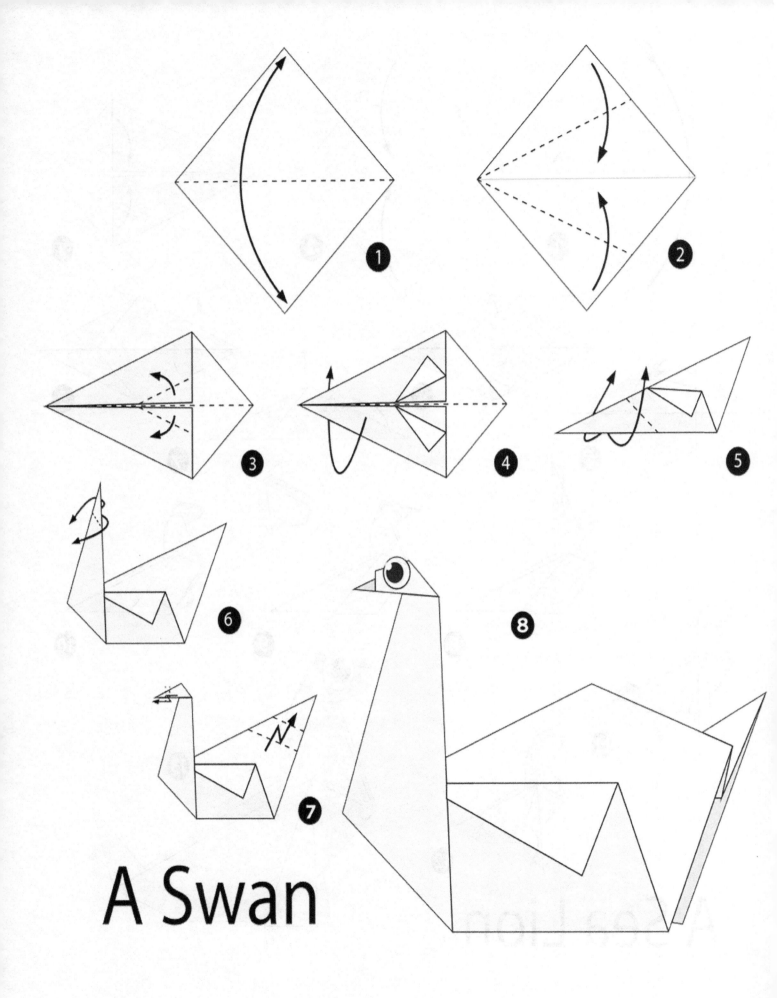

A Swan

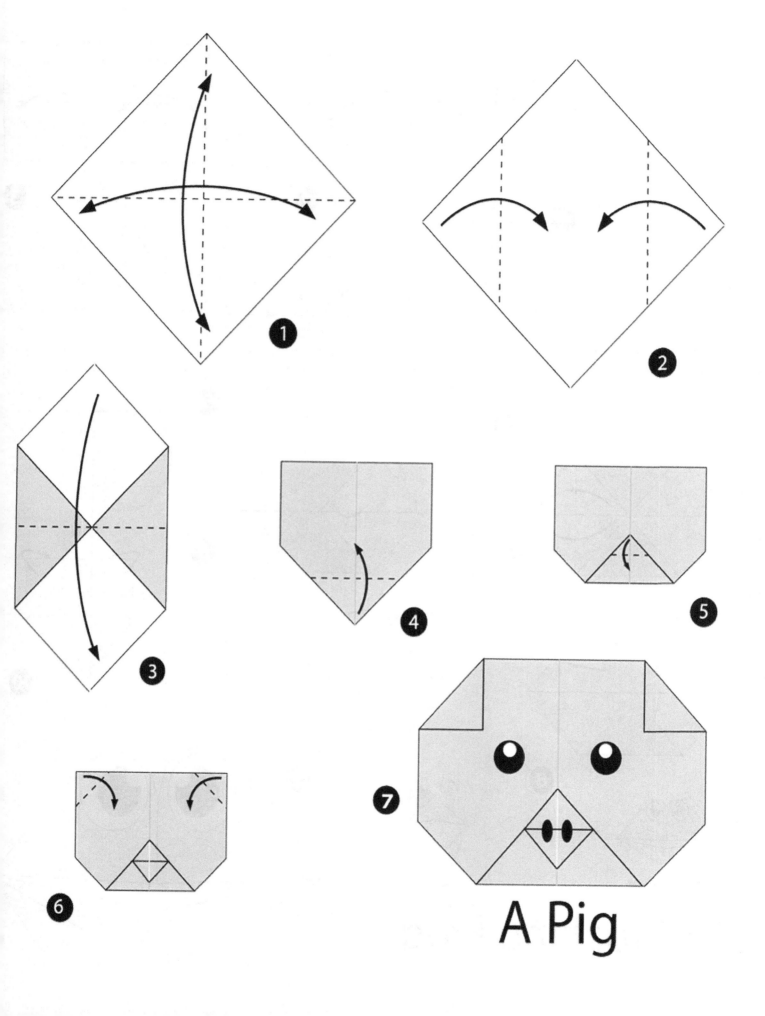

A Pig

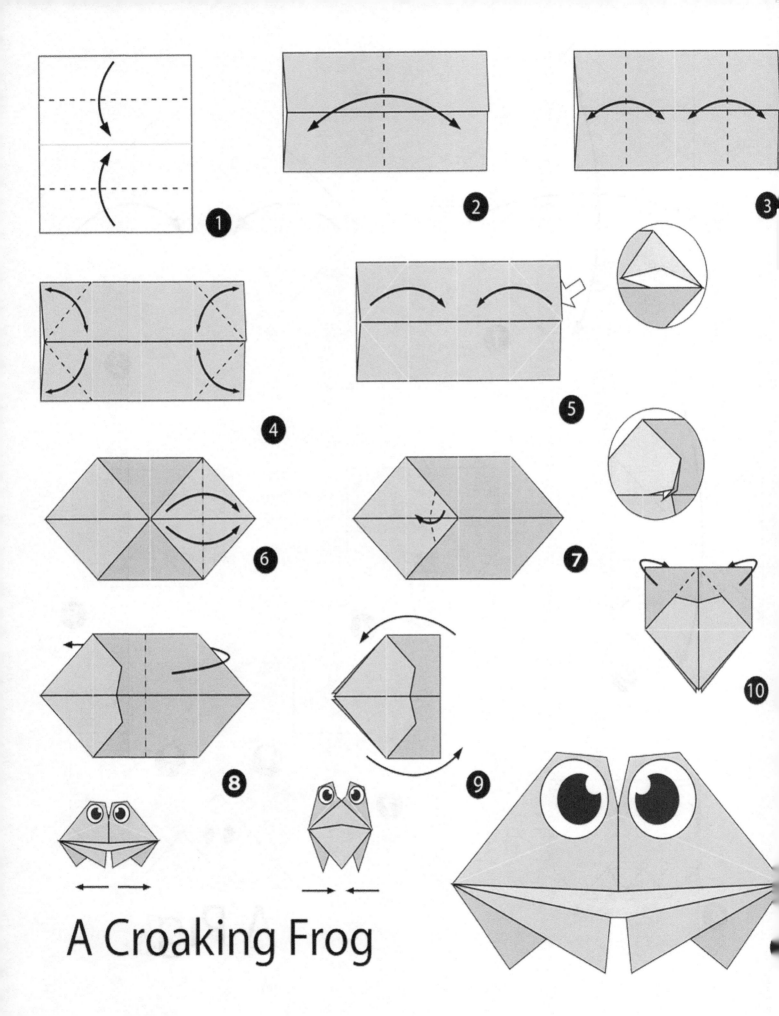

A Croaking Frog

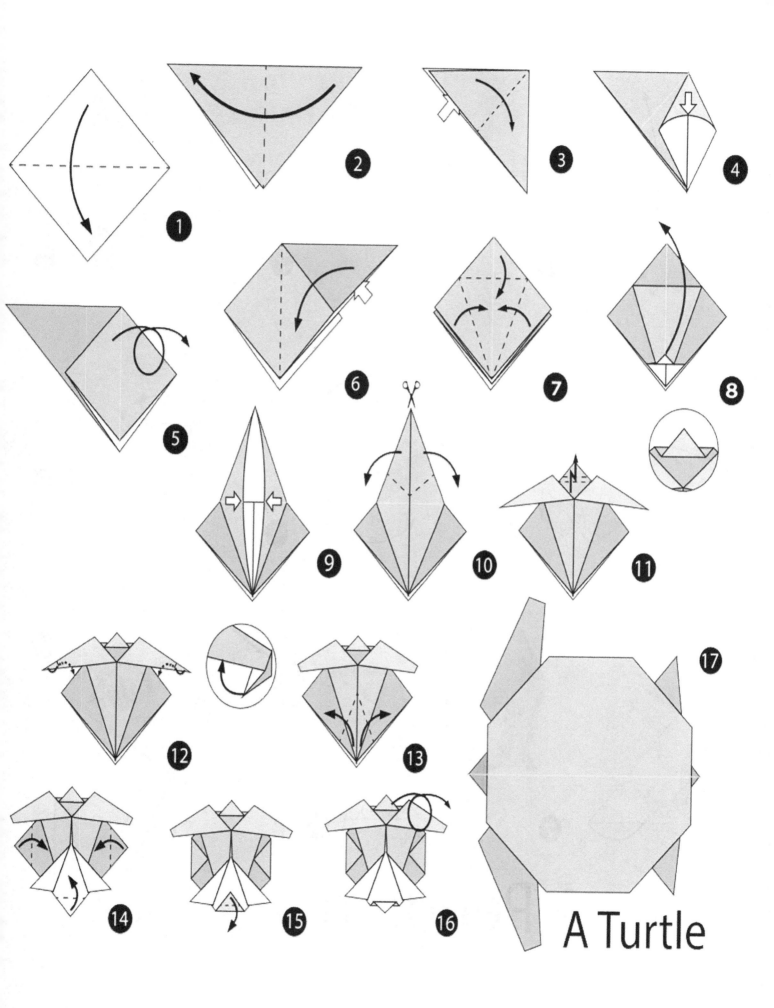

A Turtle

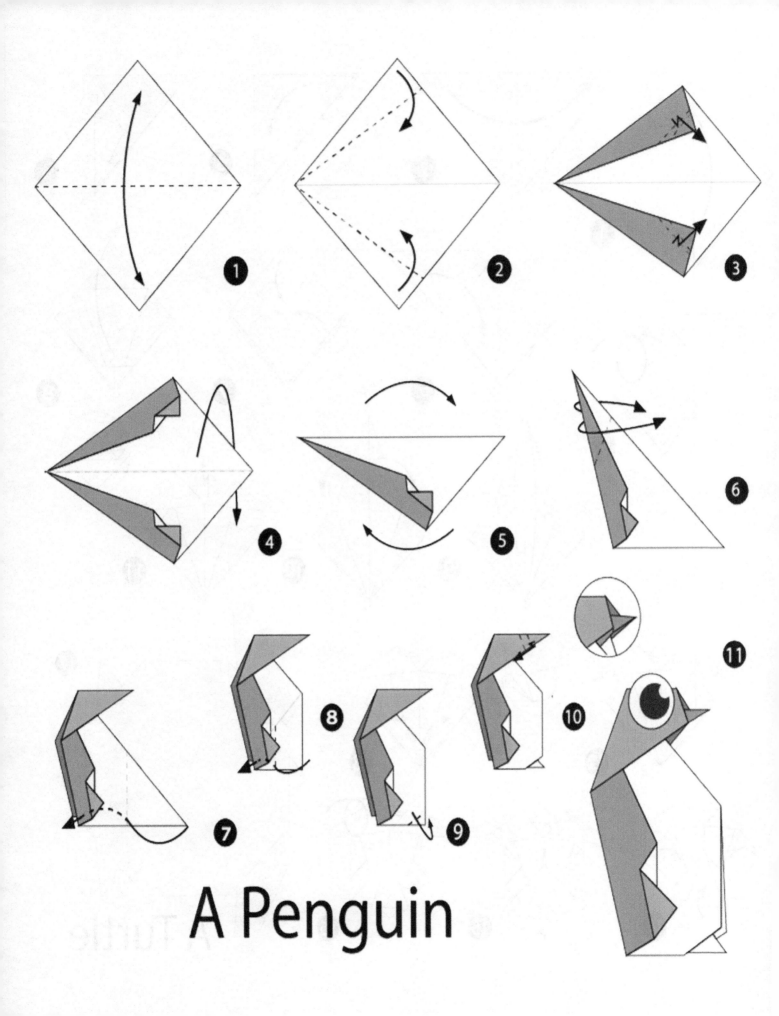

A Penguin

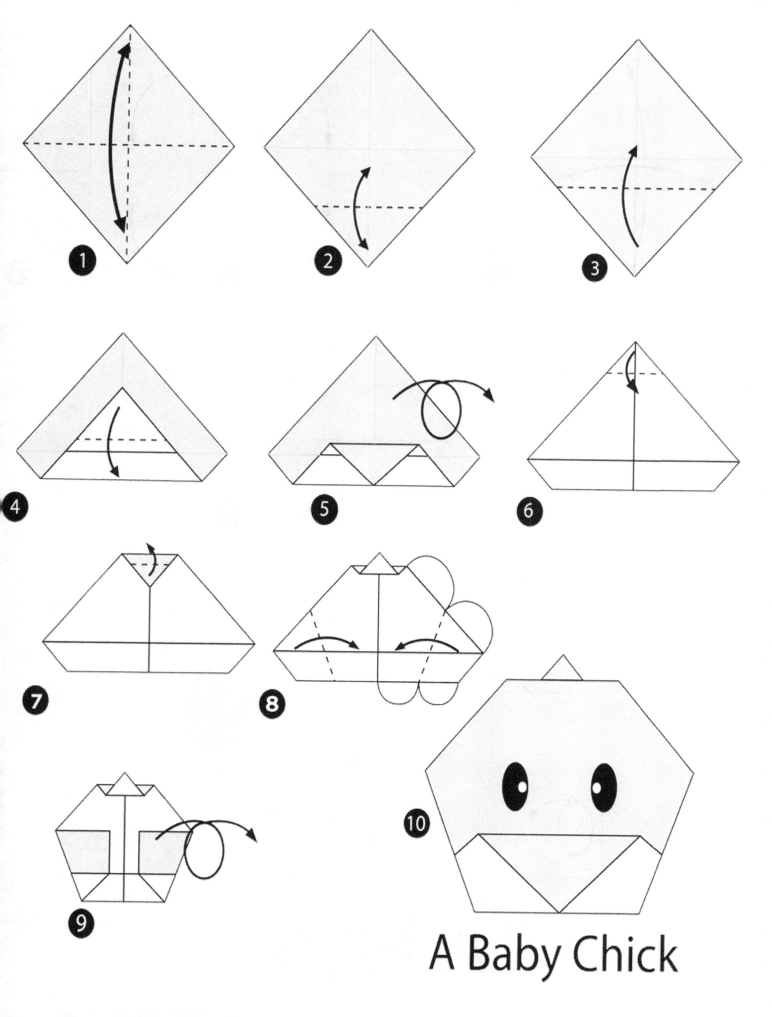

A Baby Chick

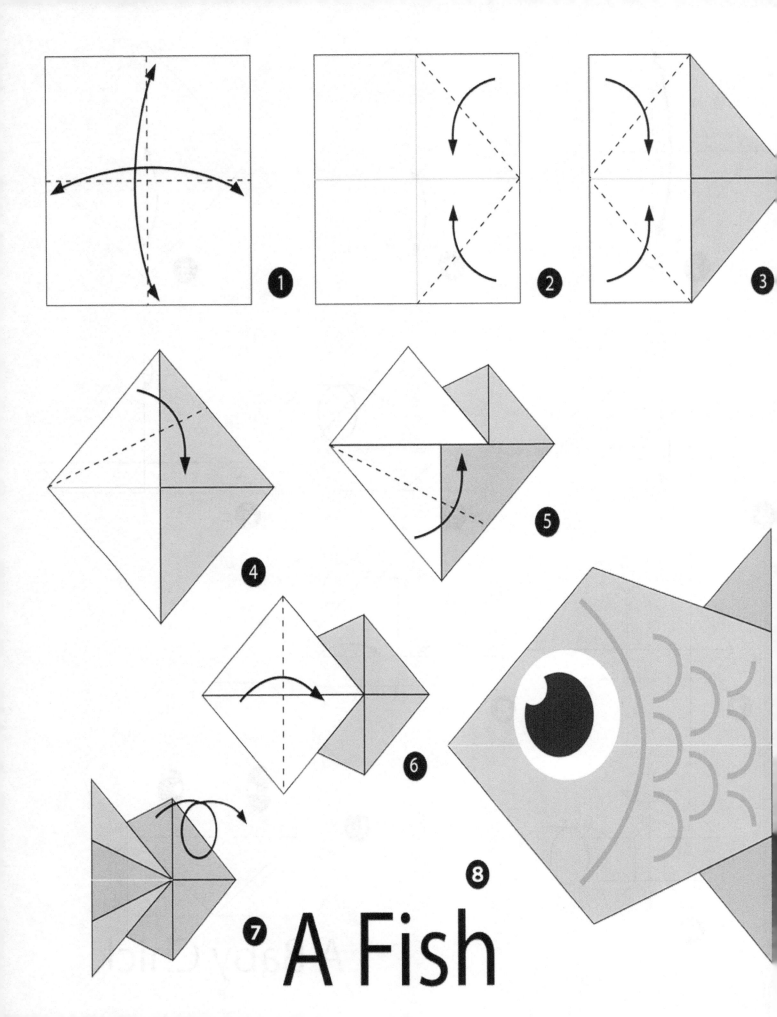

1

2

3

4

5

6

7

8

A Fish

A Ghost

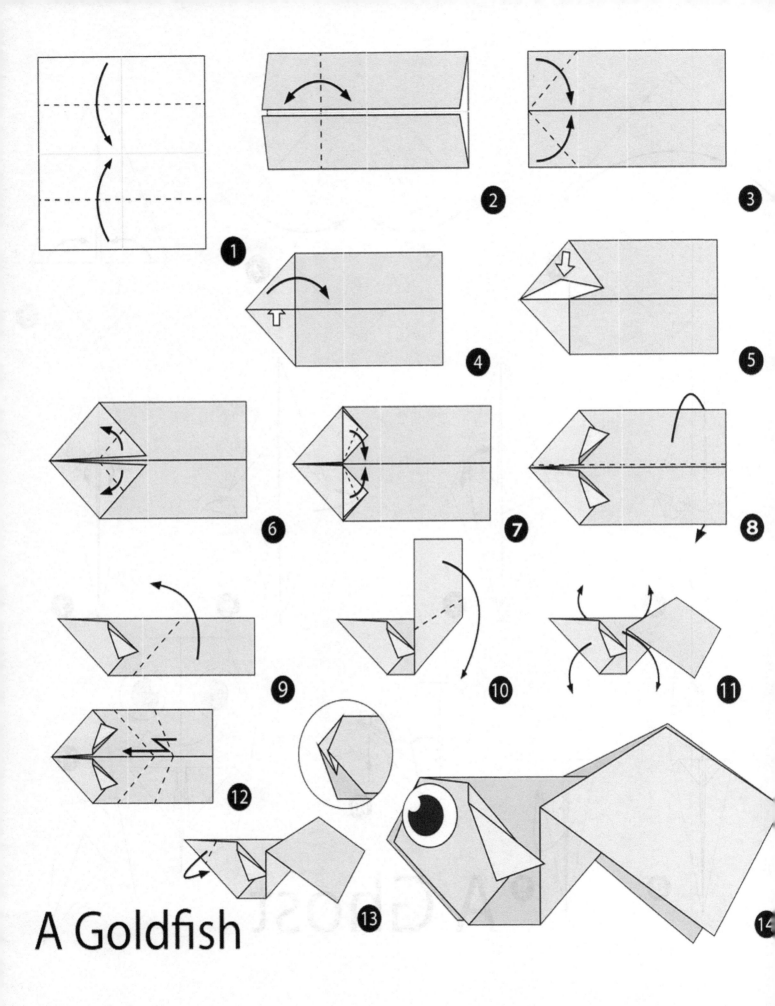

A Goldfish

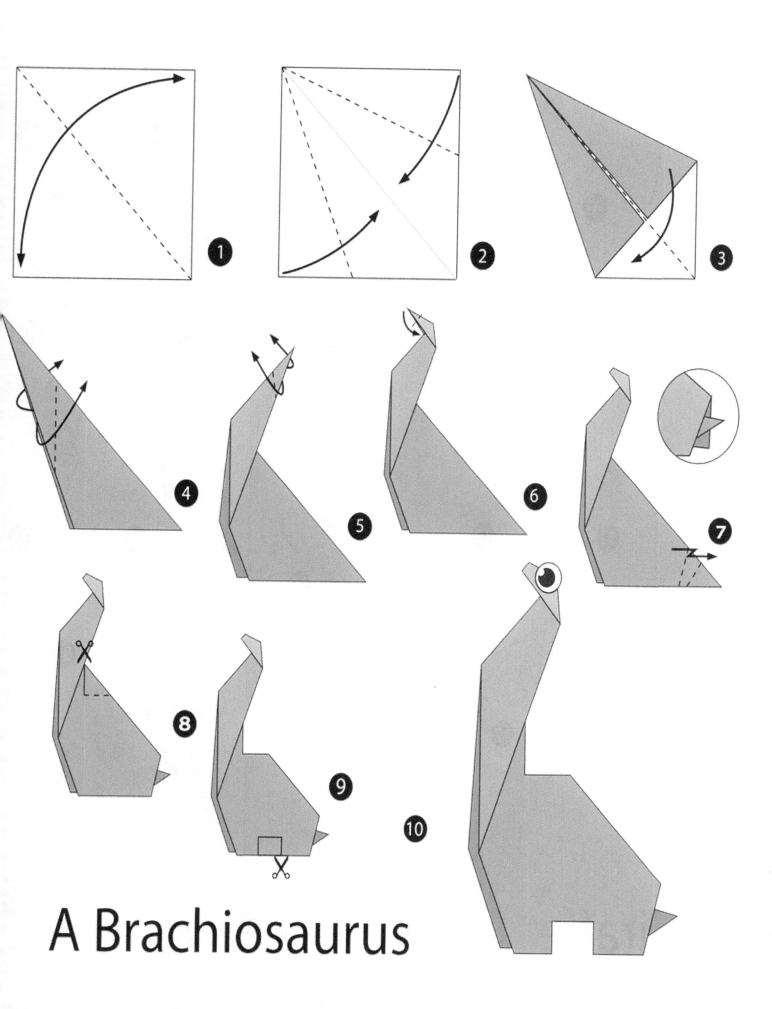

A Brachiosaurus

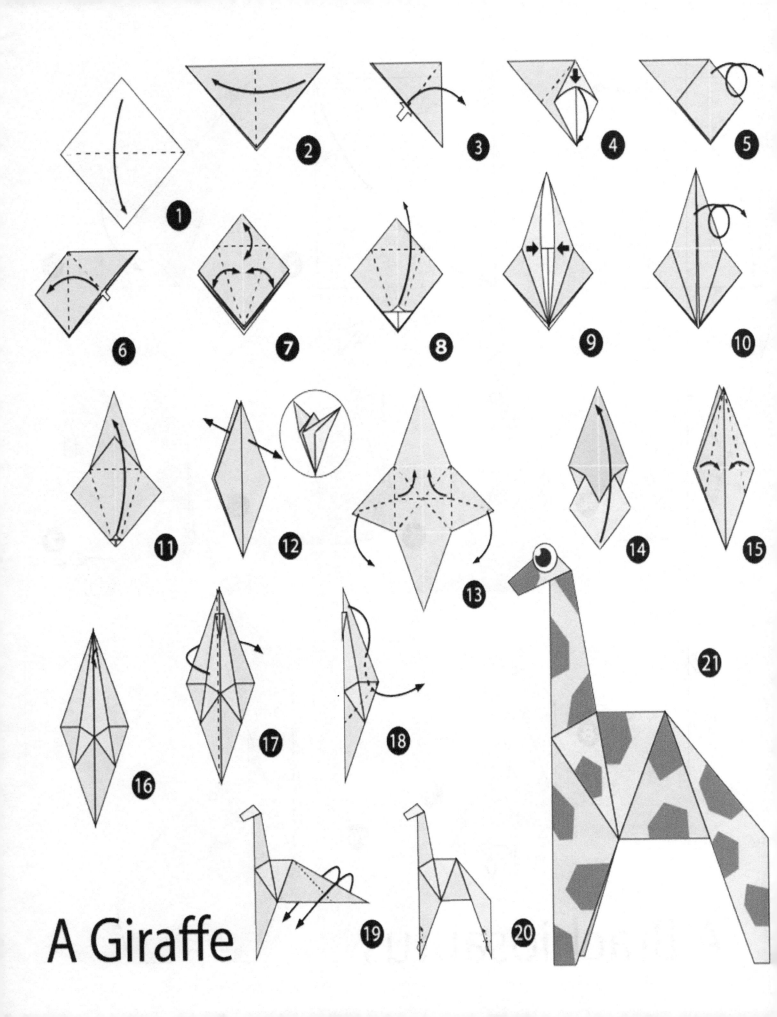

A Giraffe

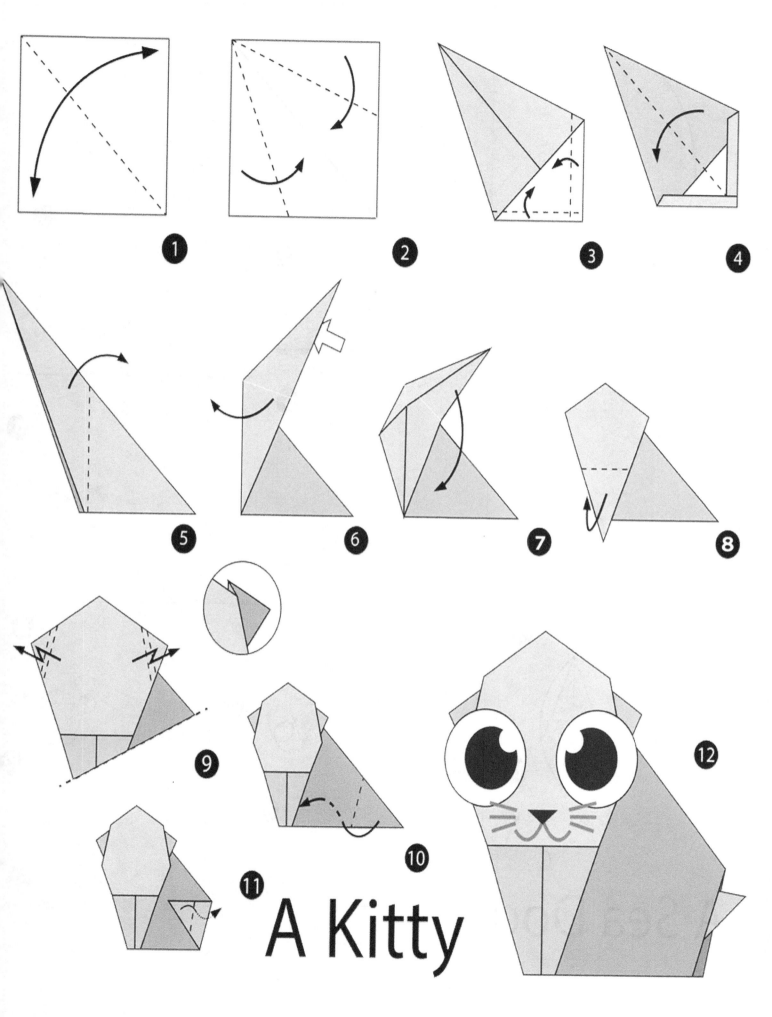

A Kitty

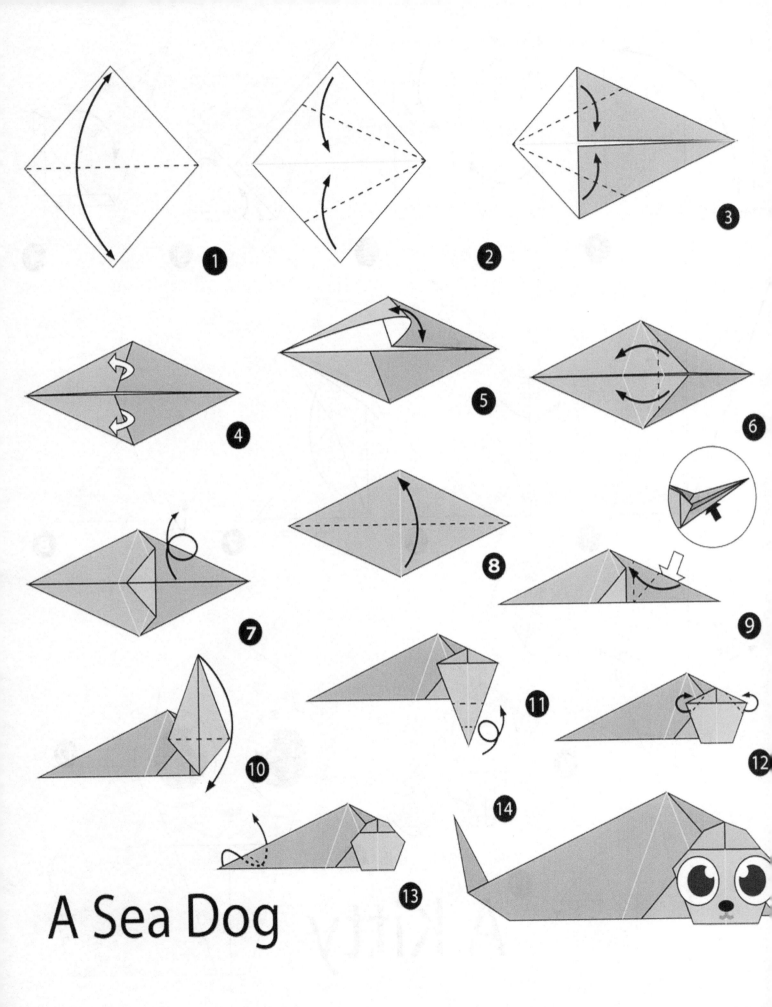

A Sea Dog

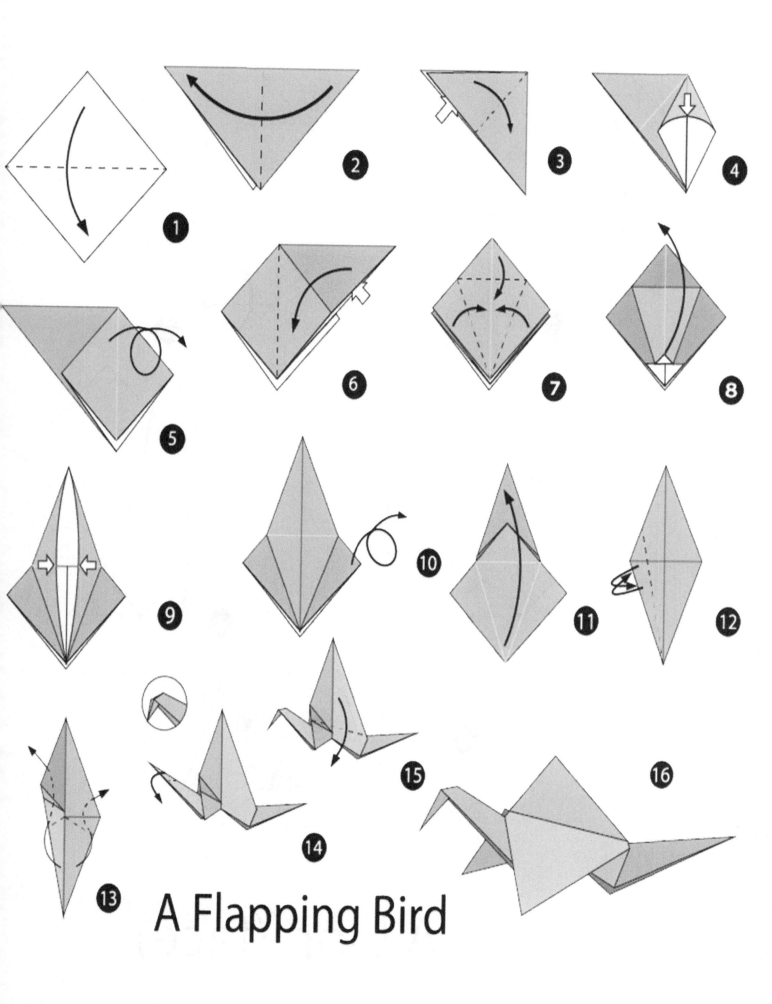

A Flapping Bird

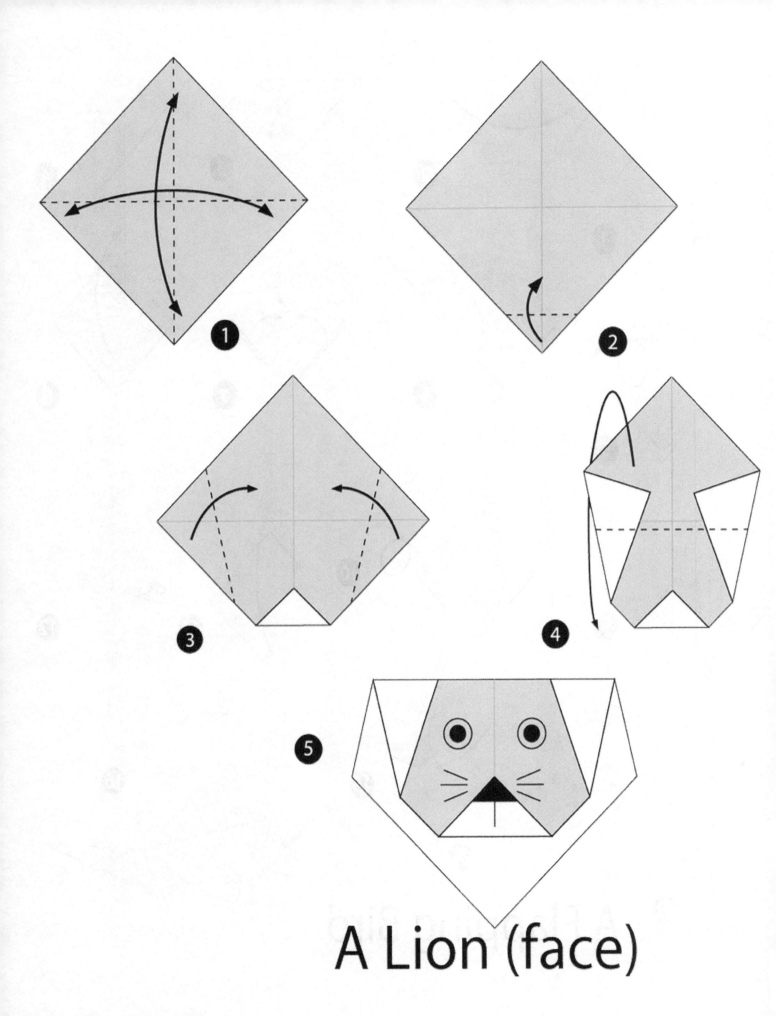

A Lion (face)

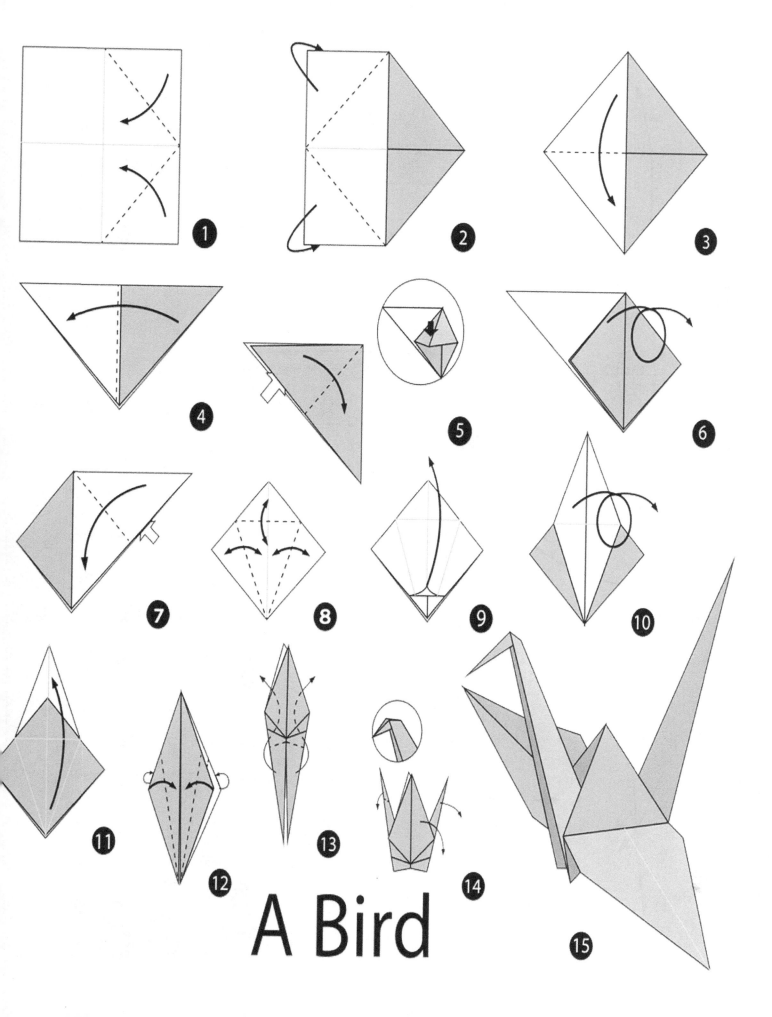

A Bird

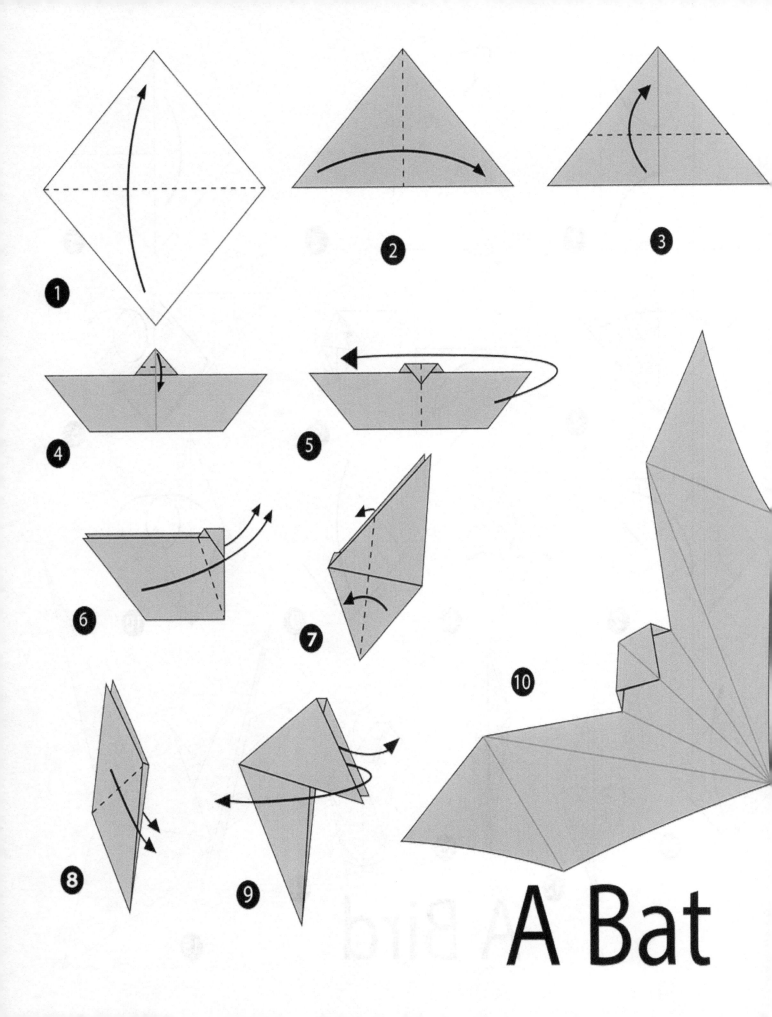

A Bat

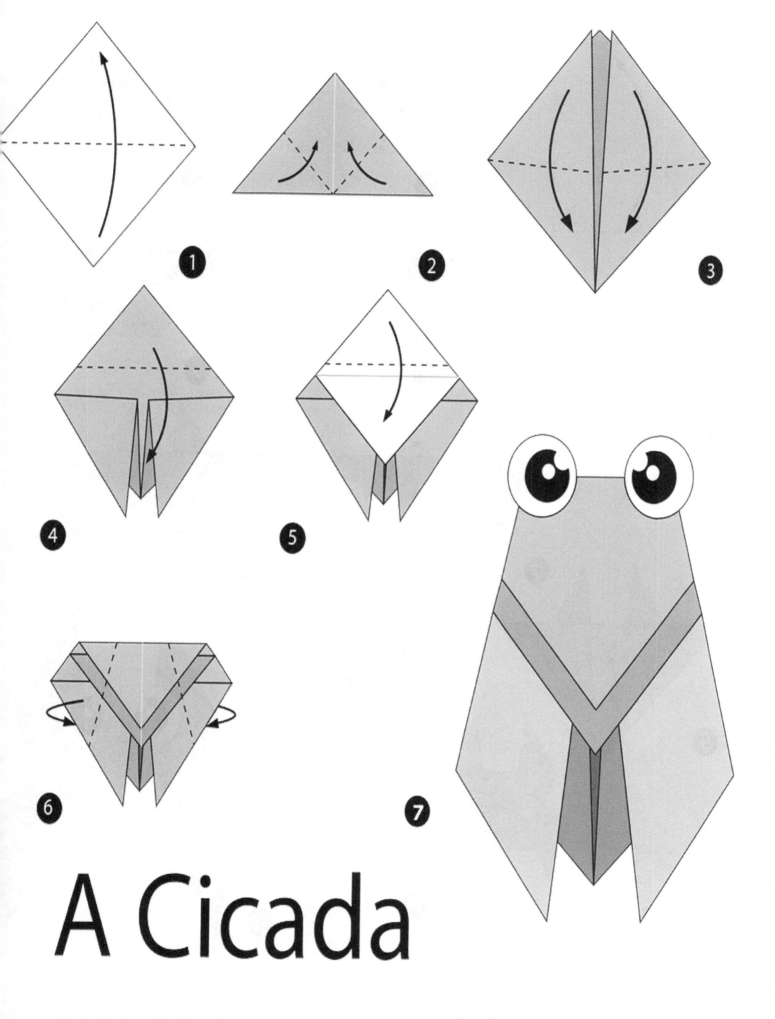

A Cicada

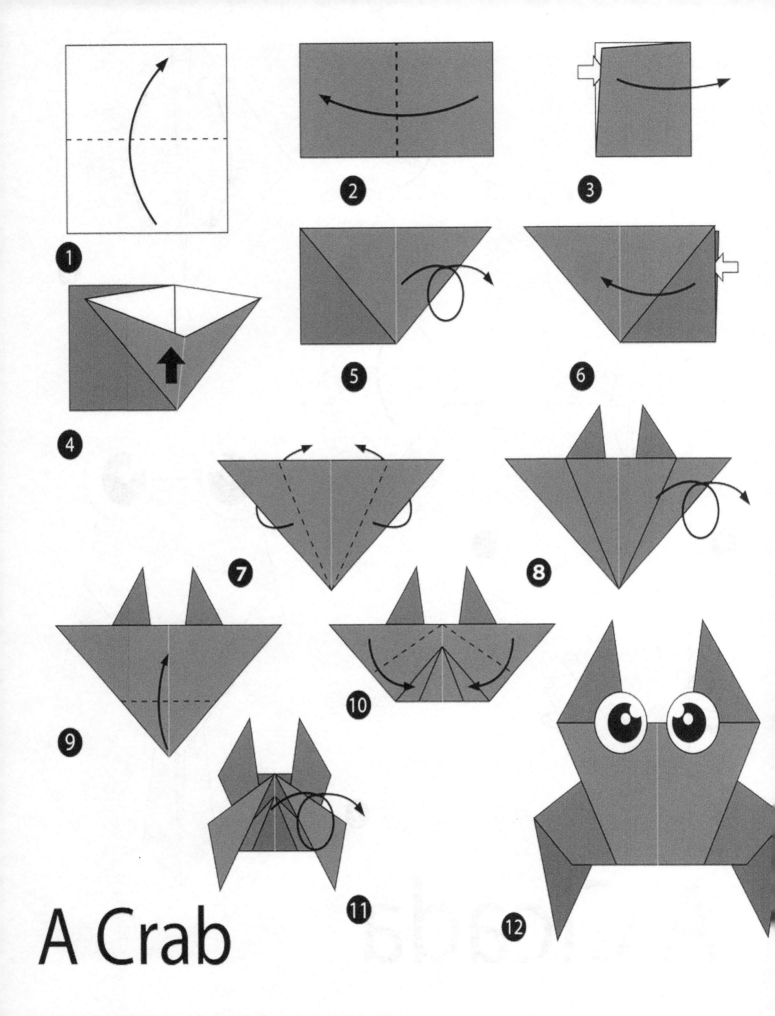

A Crab

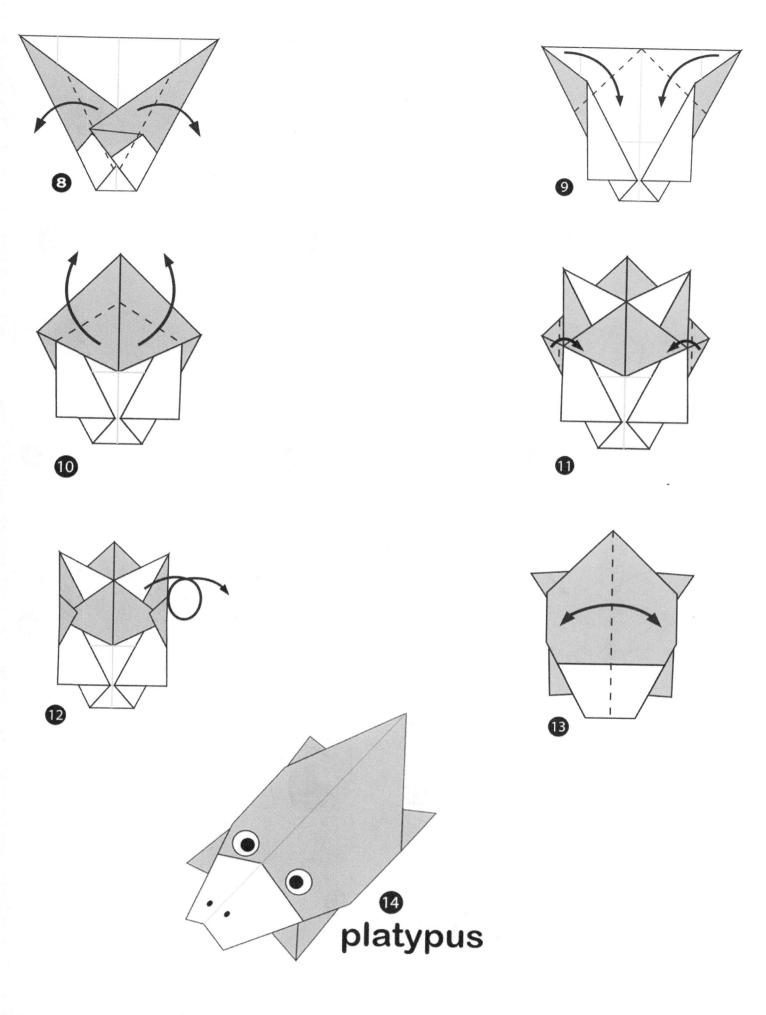

platypus

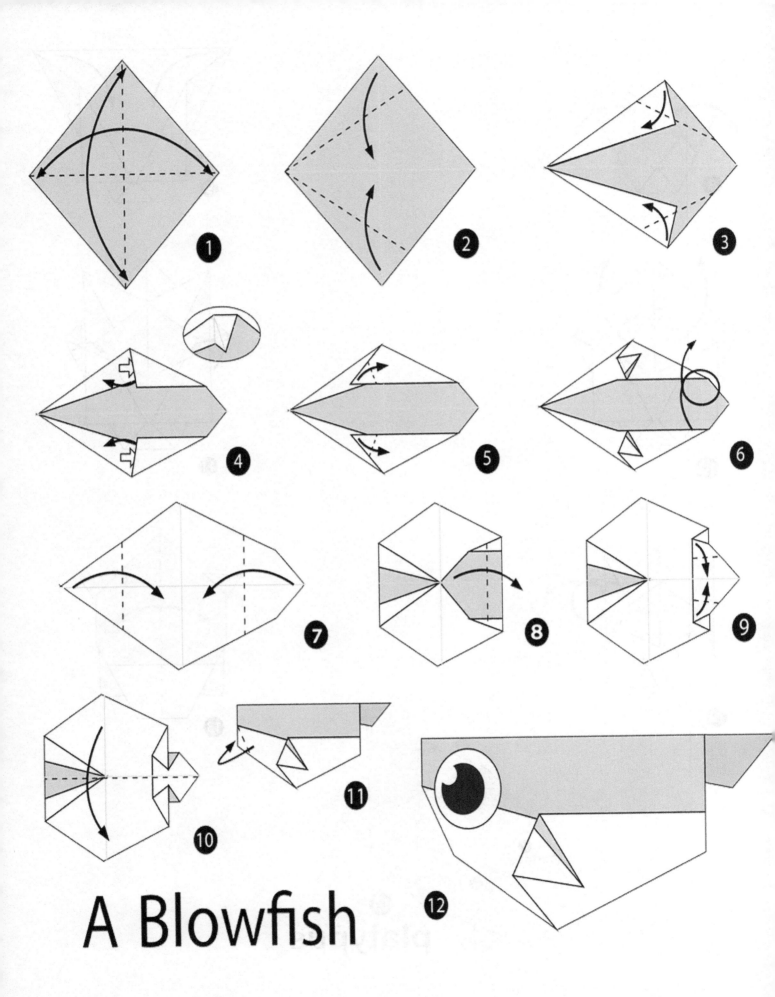

A Blowfish

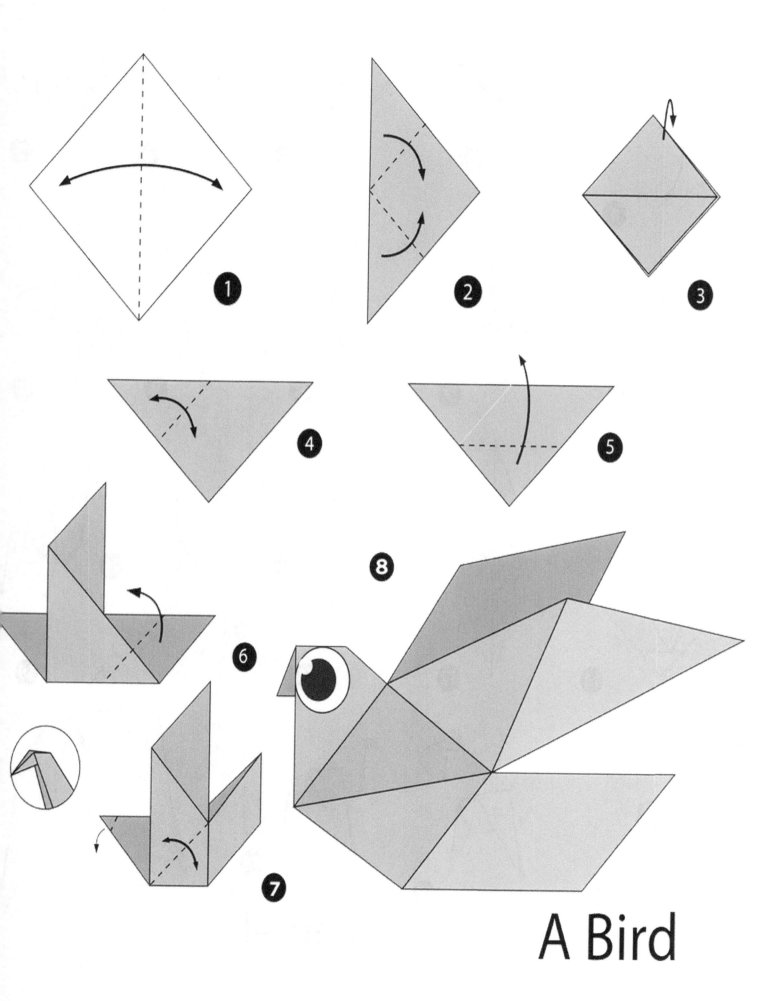

A Bird

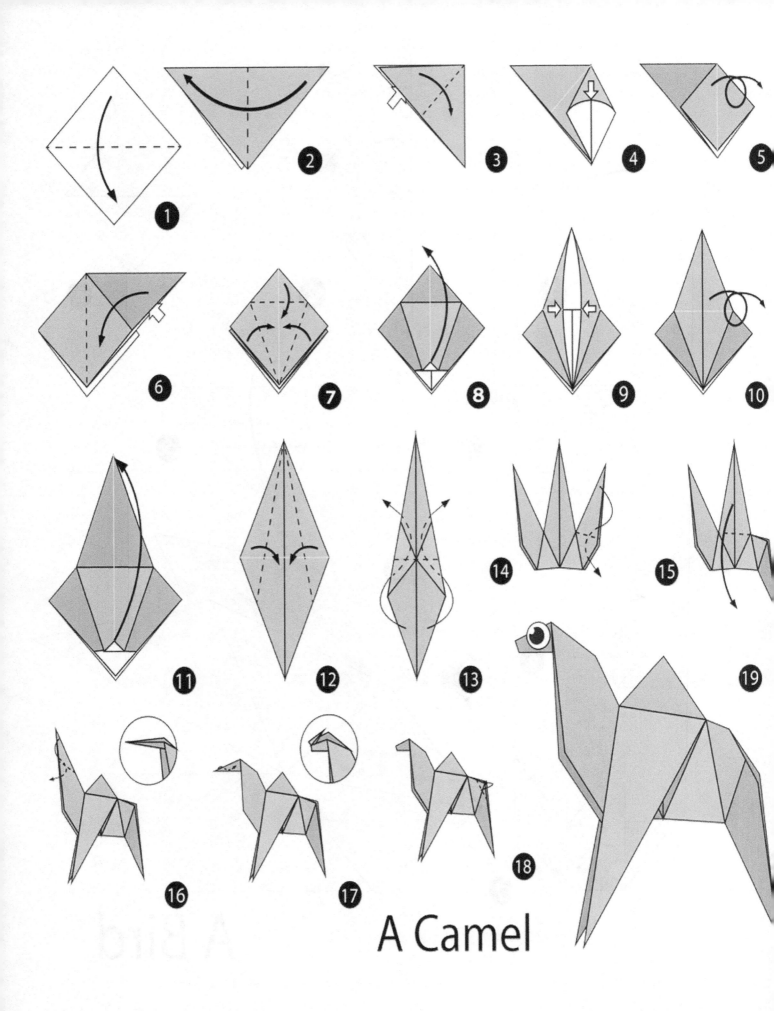

A Camel

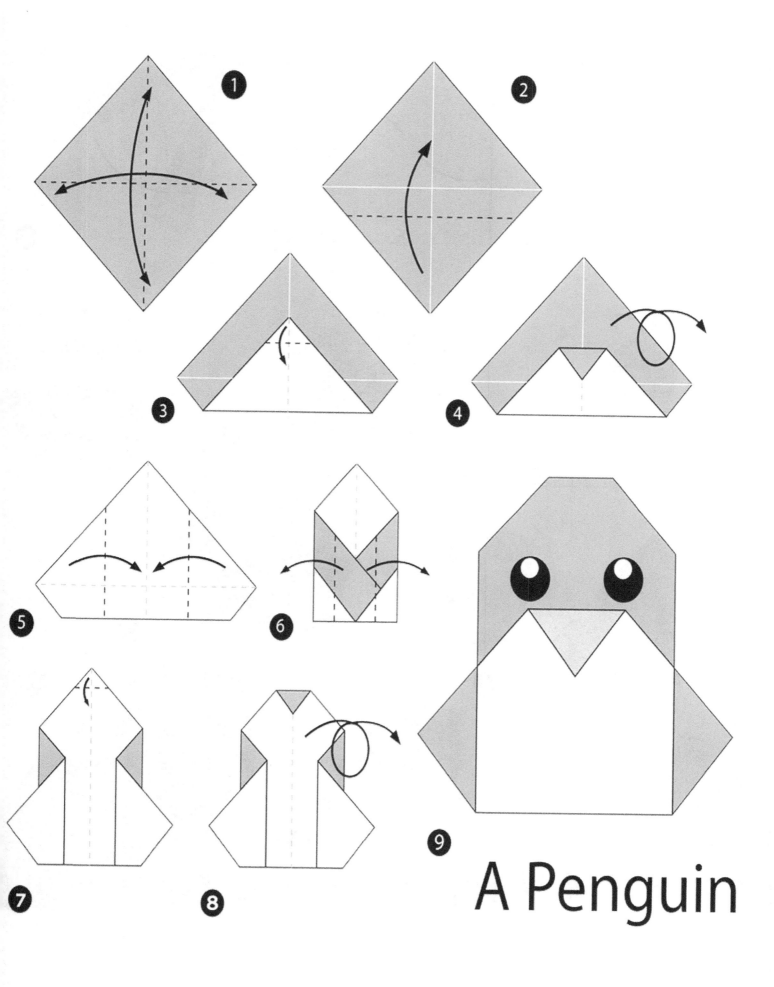

A Penguin

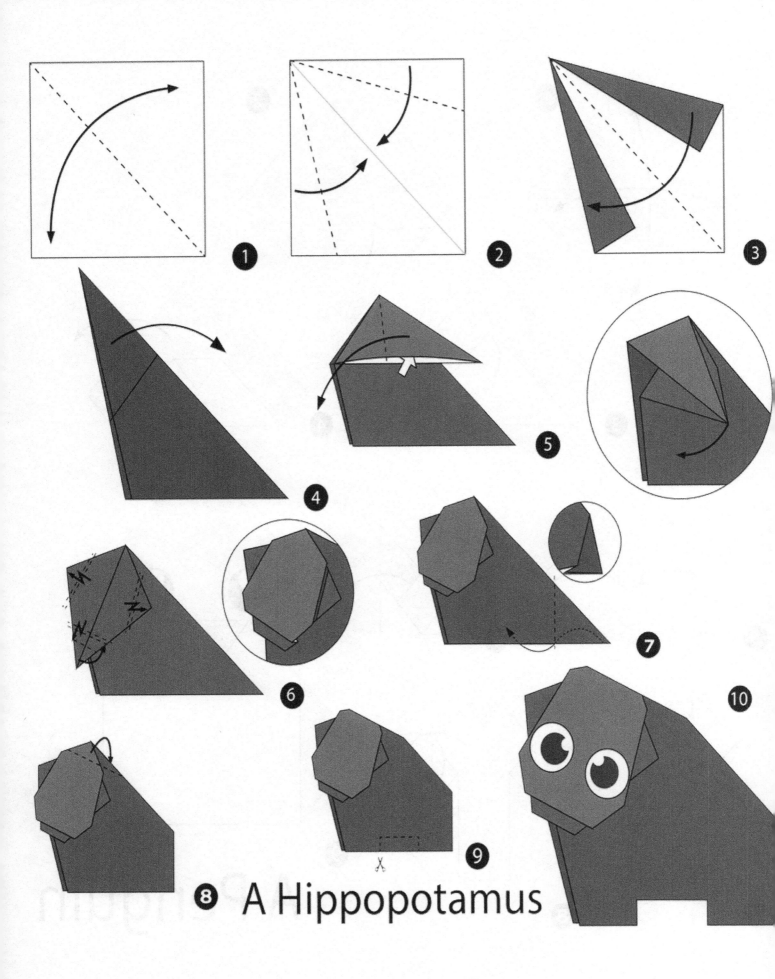

A Hippopotamus

A Cat (face)

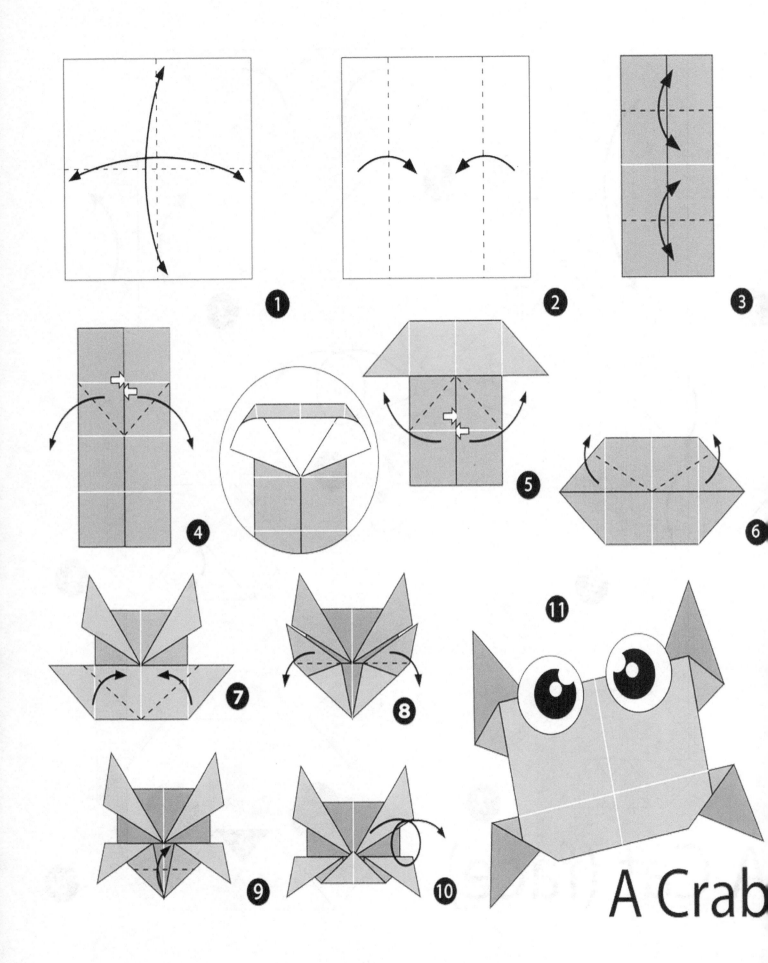

A Crab

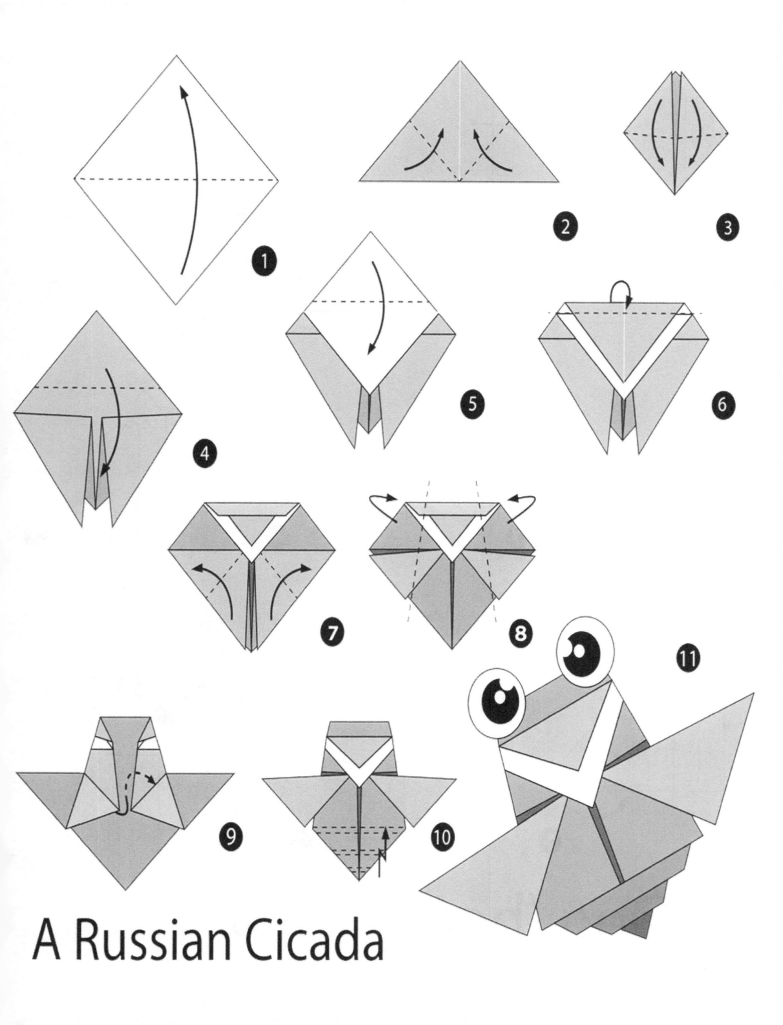

A Russian Cicada

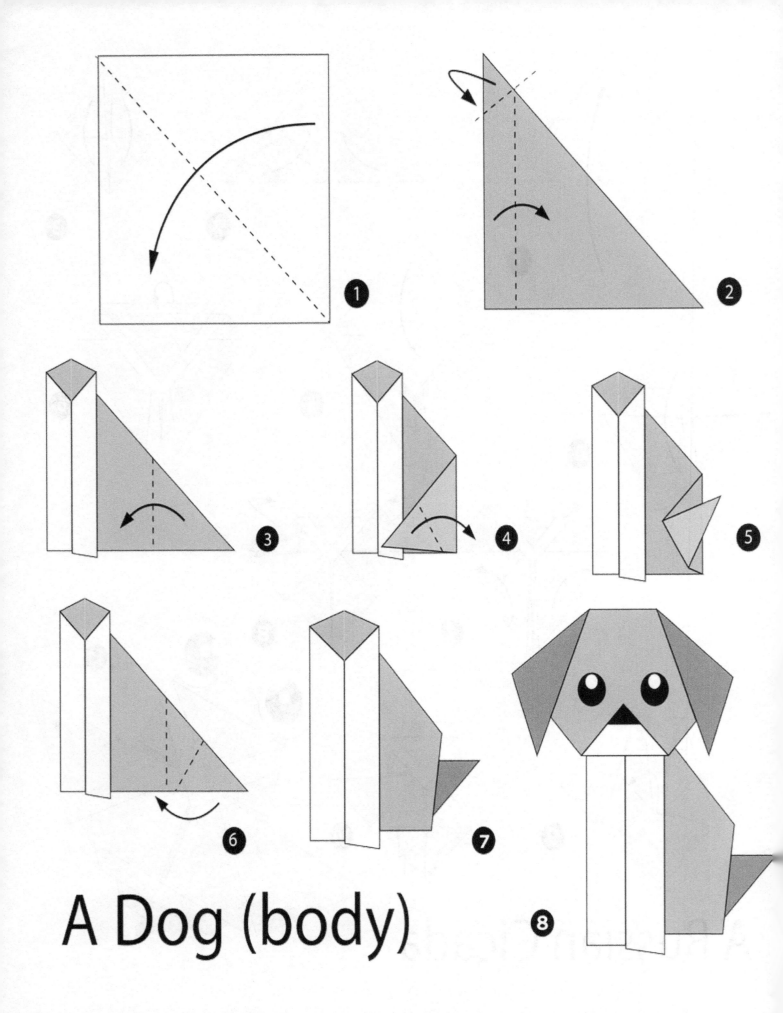

A Dog (body)

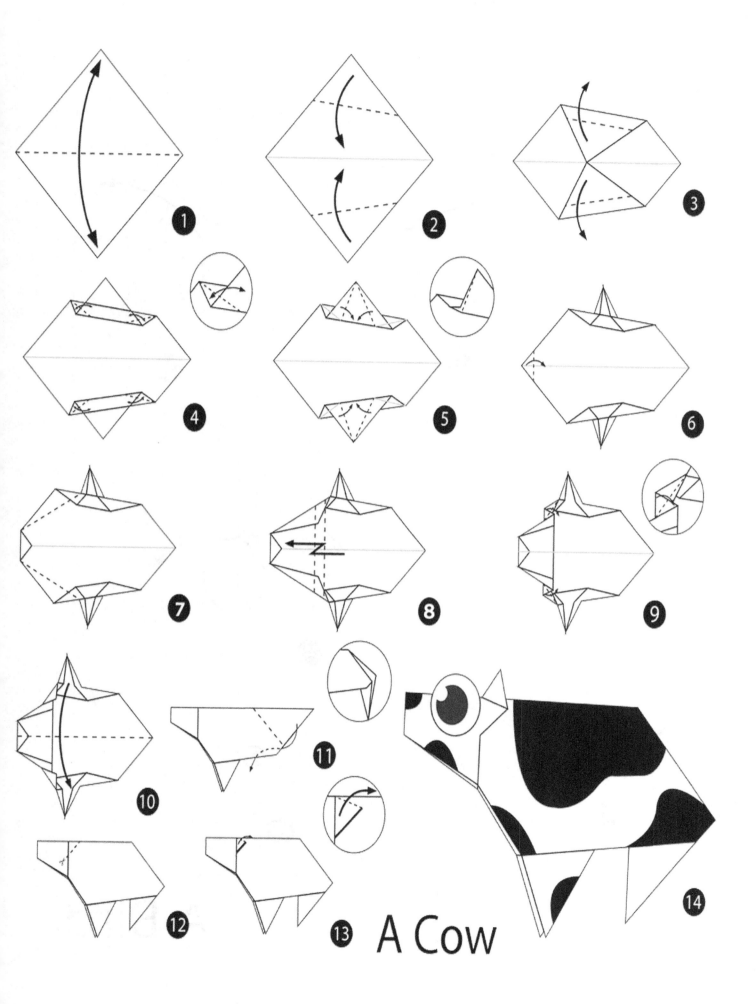

A Cow

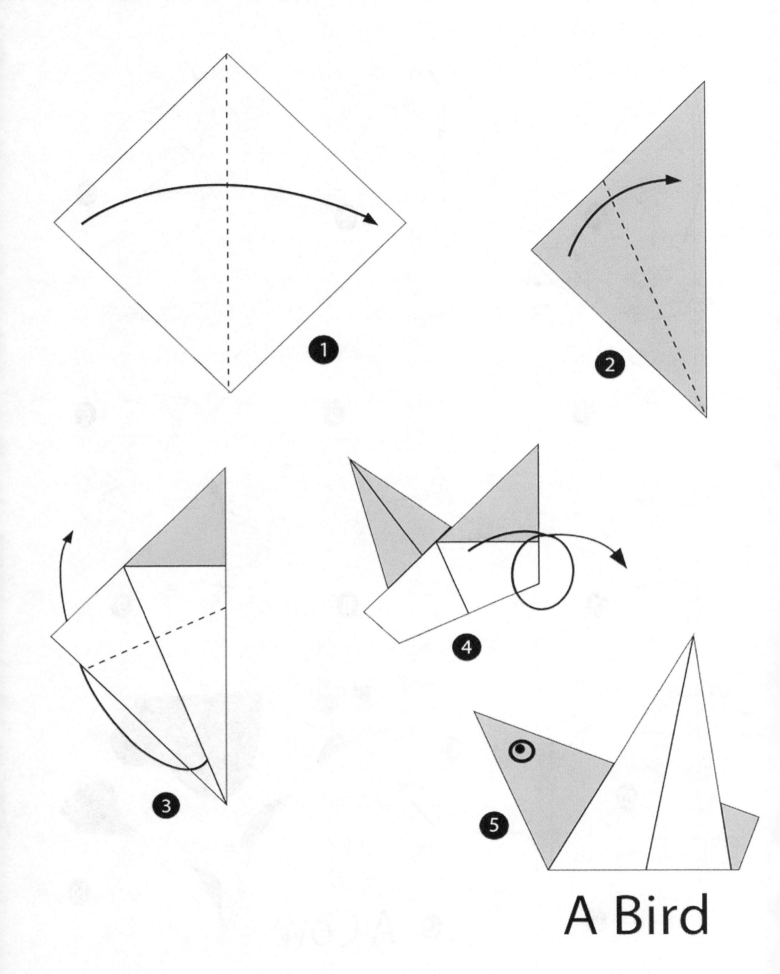

A Bird

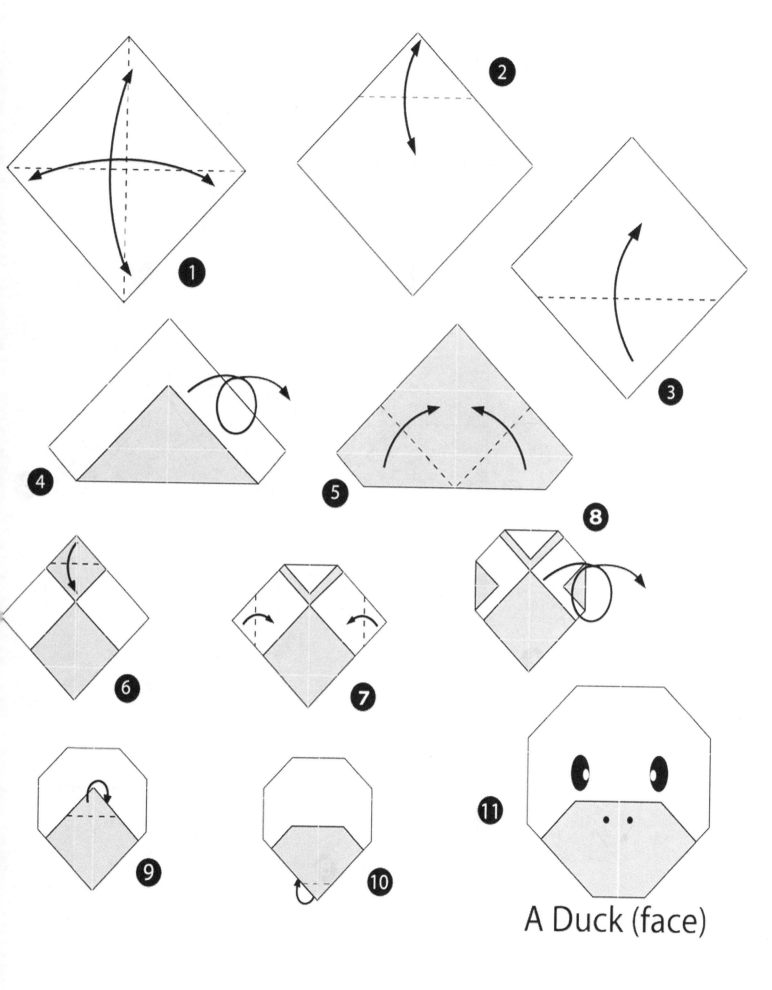

A Duck (face)

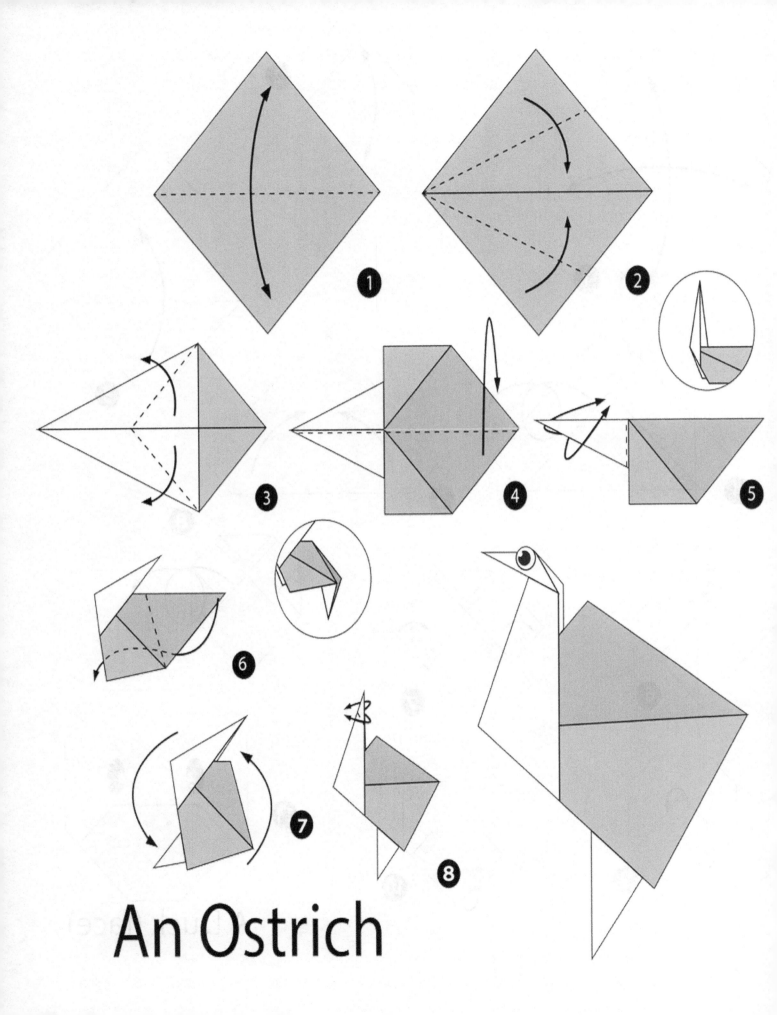

An Ostrich

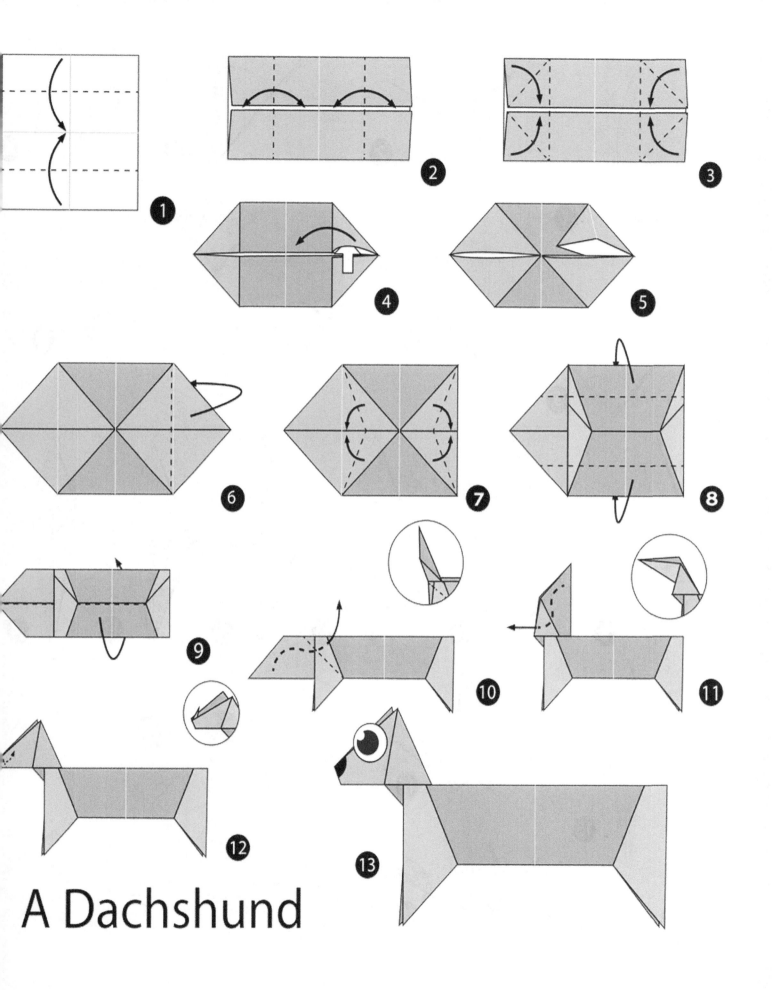

A Dachshund

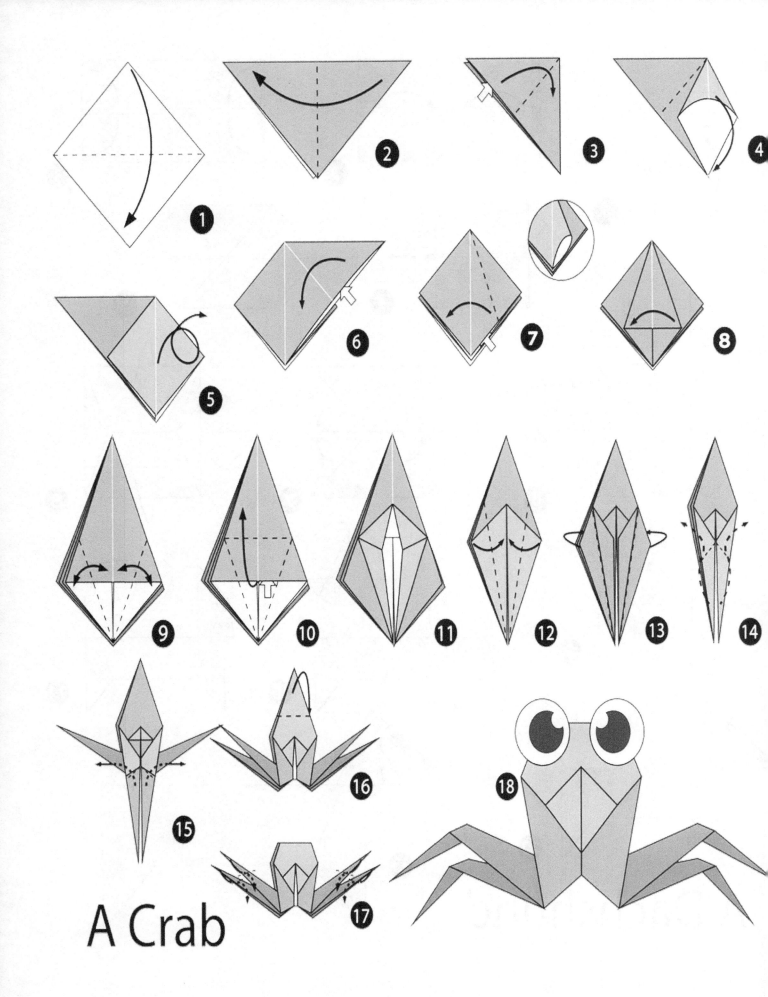

A Crab

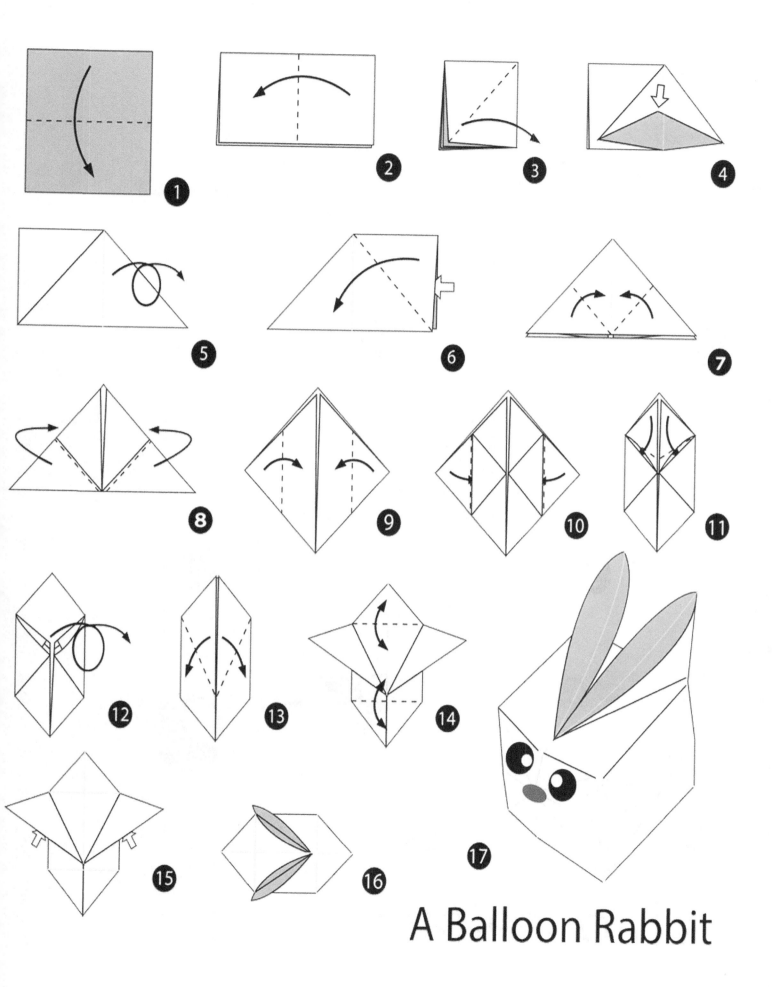

A Balloon Rabbit

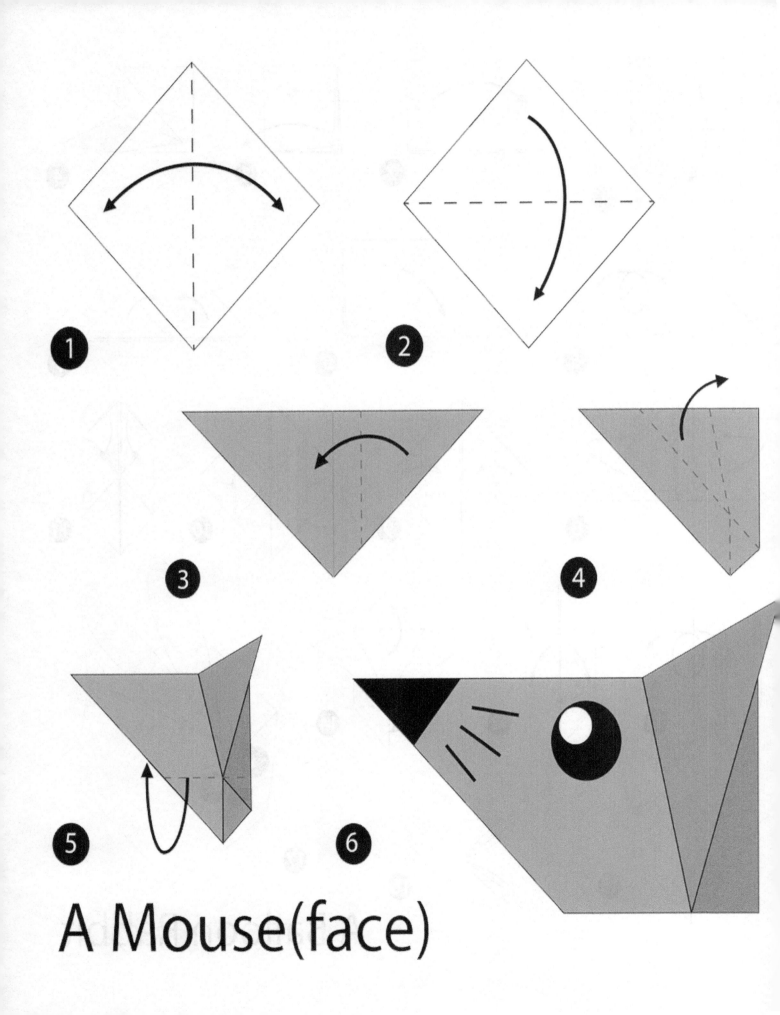

A Mouse(face)

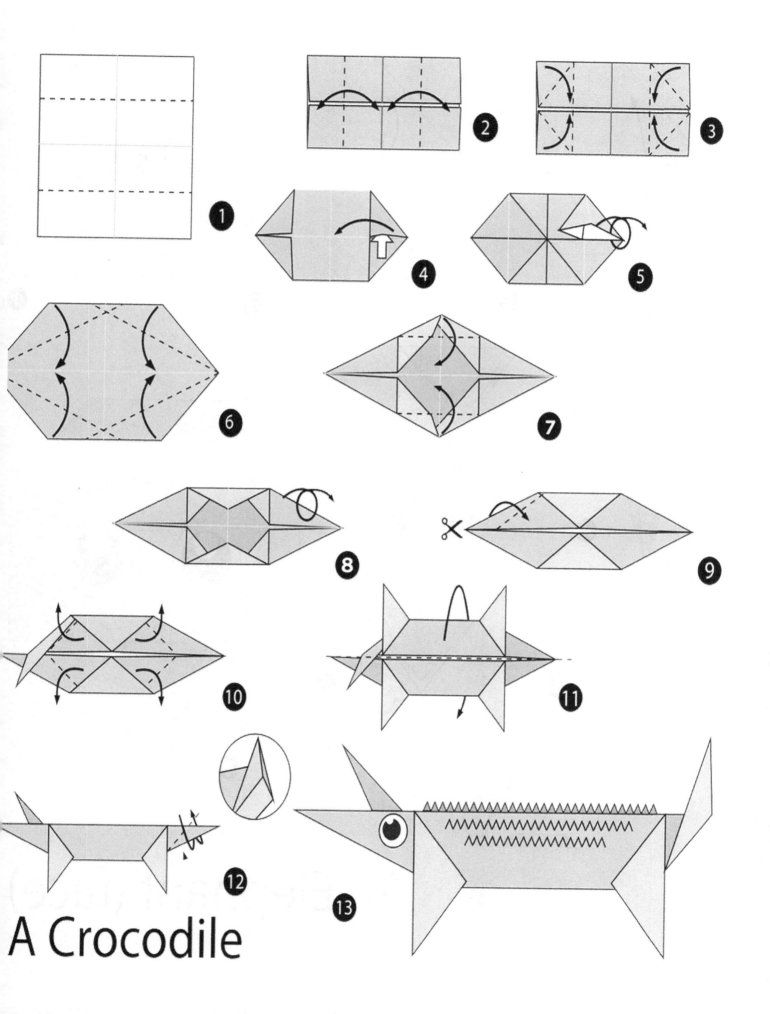

A Crocodile

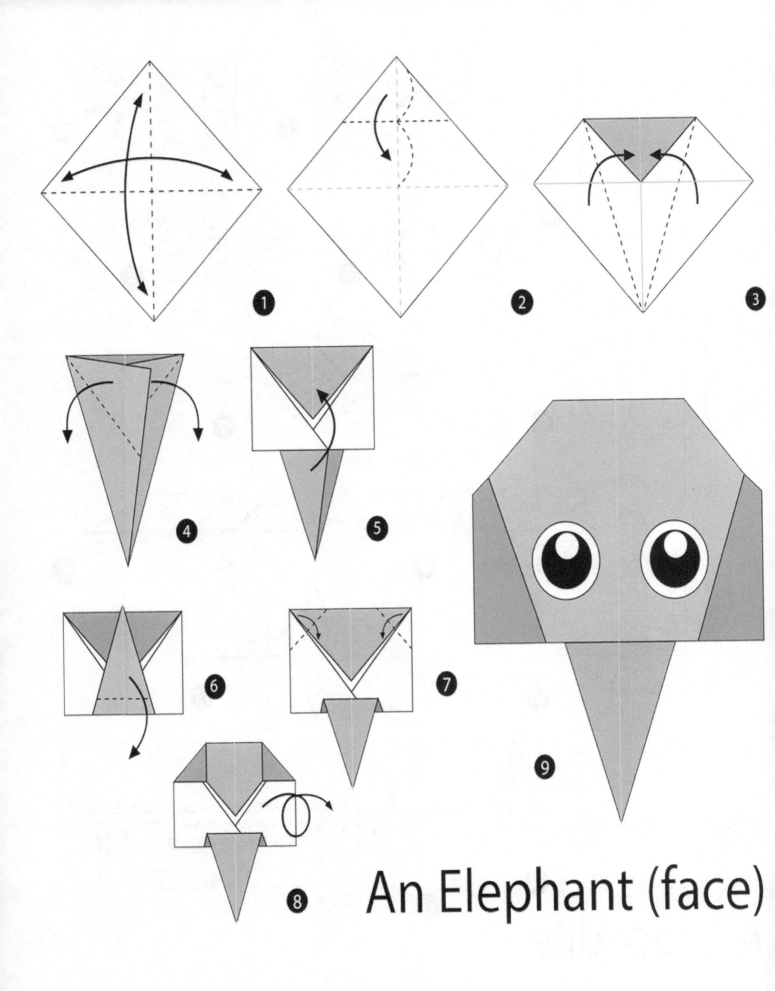

An Elephant (face)

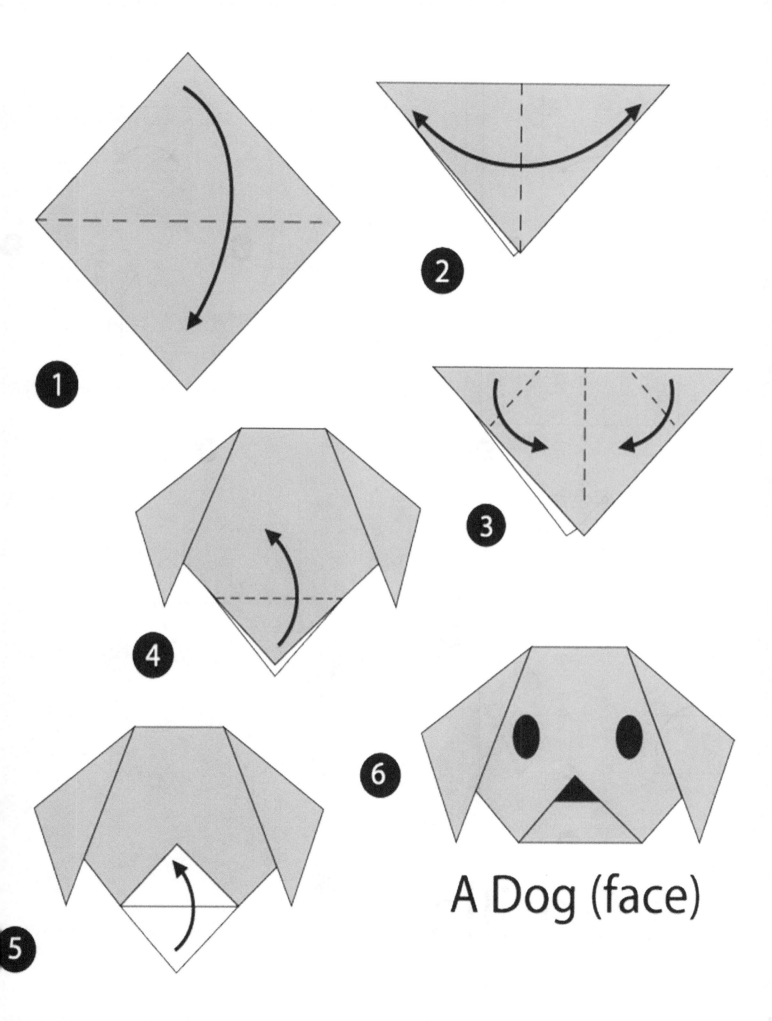

A Dog (face)

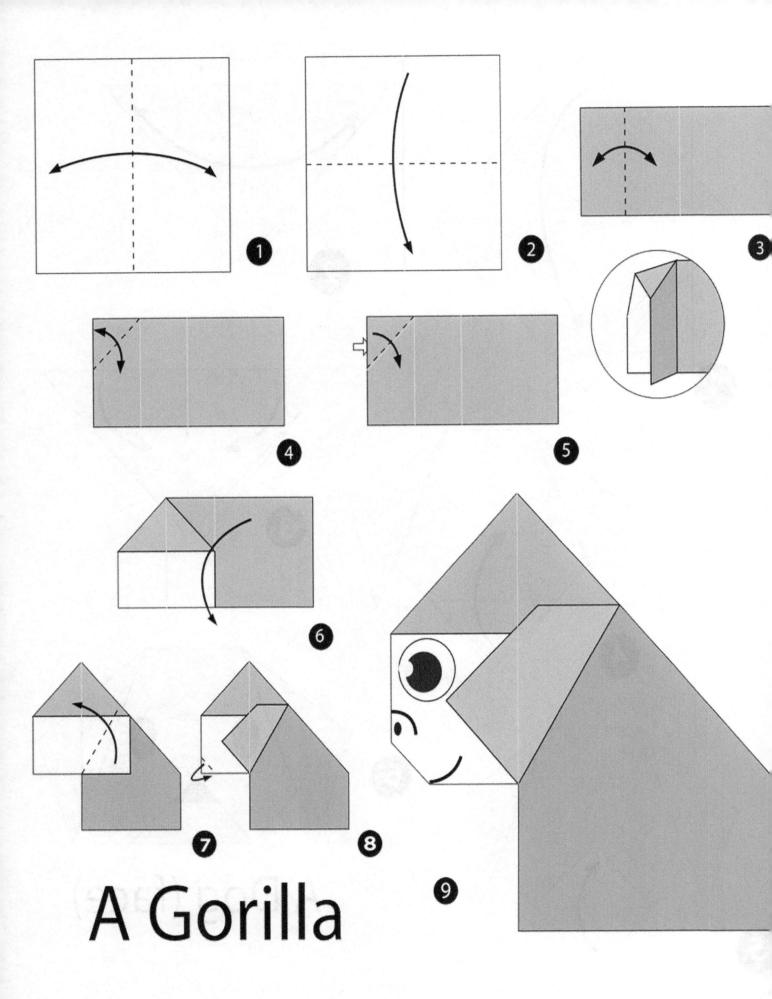

A Gorilla

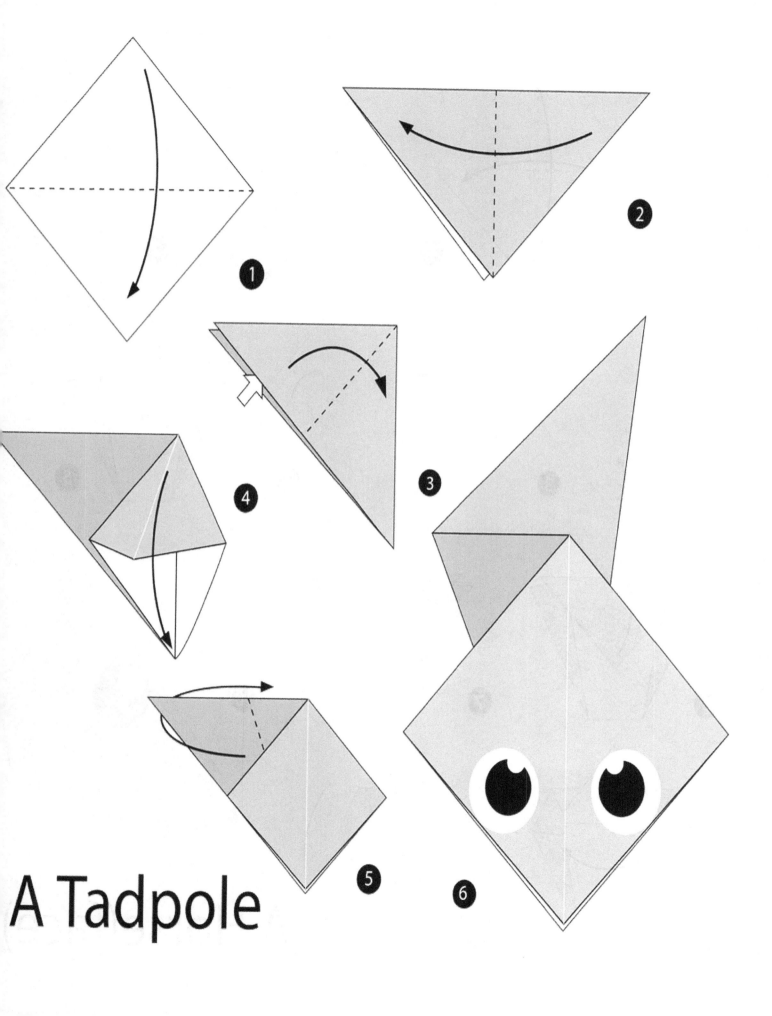

A Tadpole

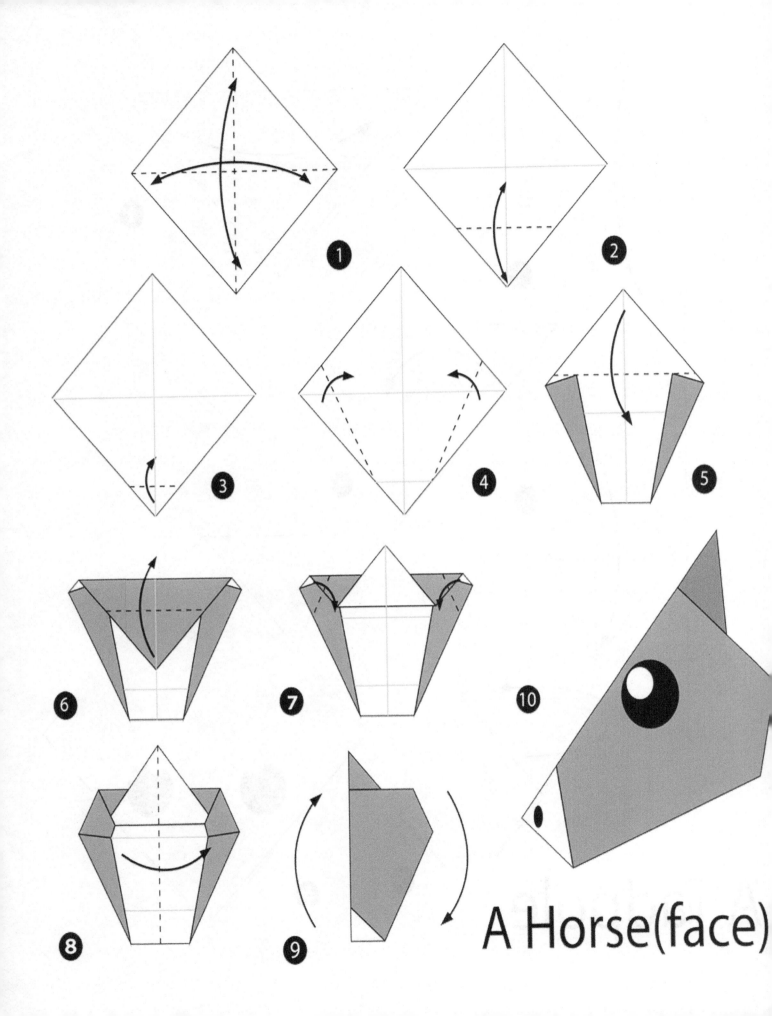

A Horse(face)

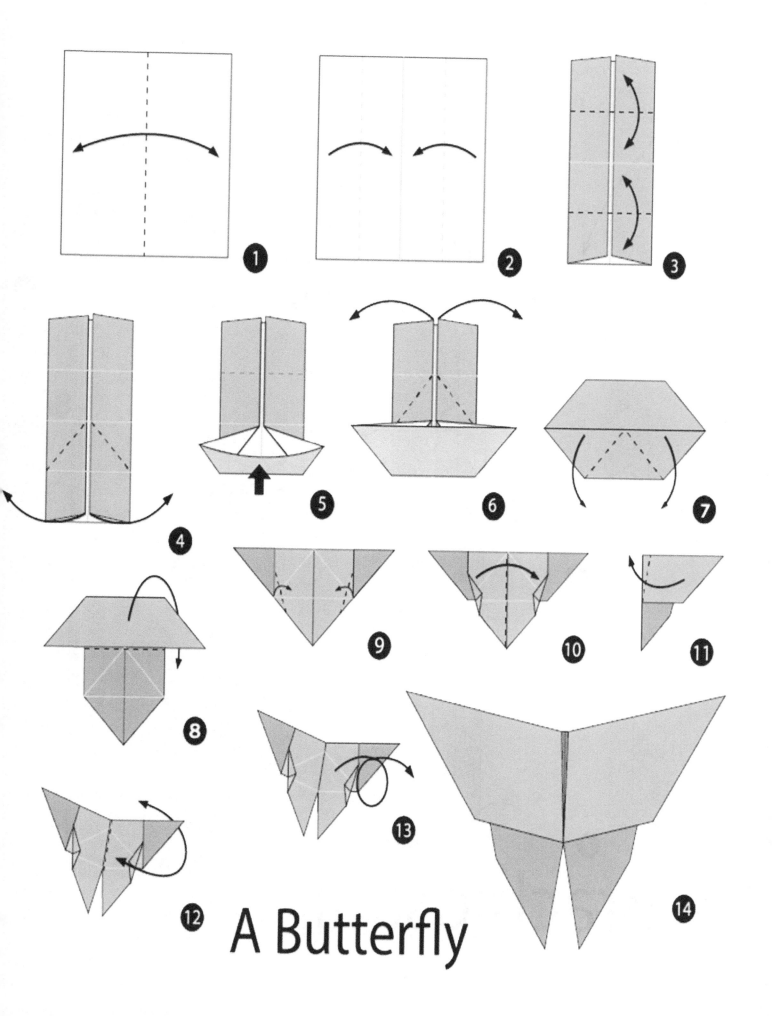

A Butterfly

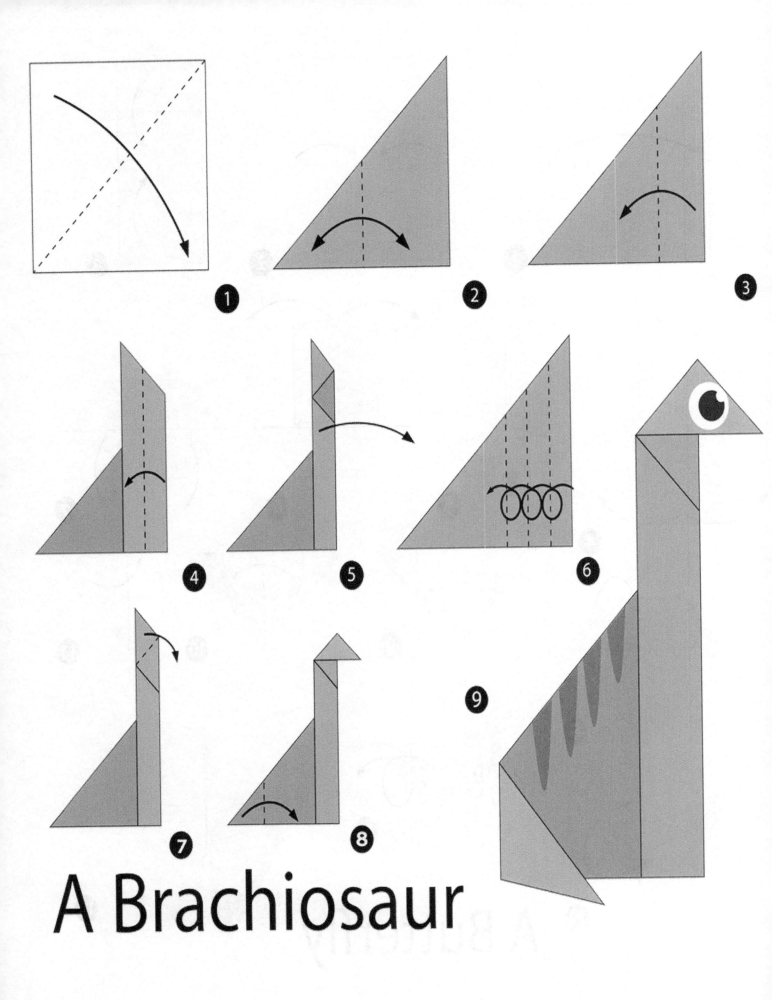

A Brachiosaur

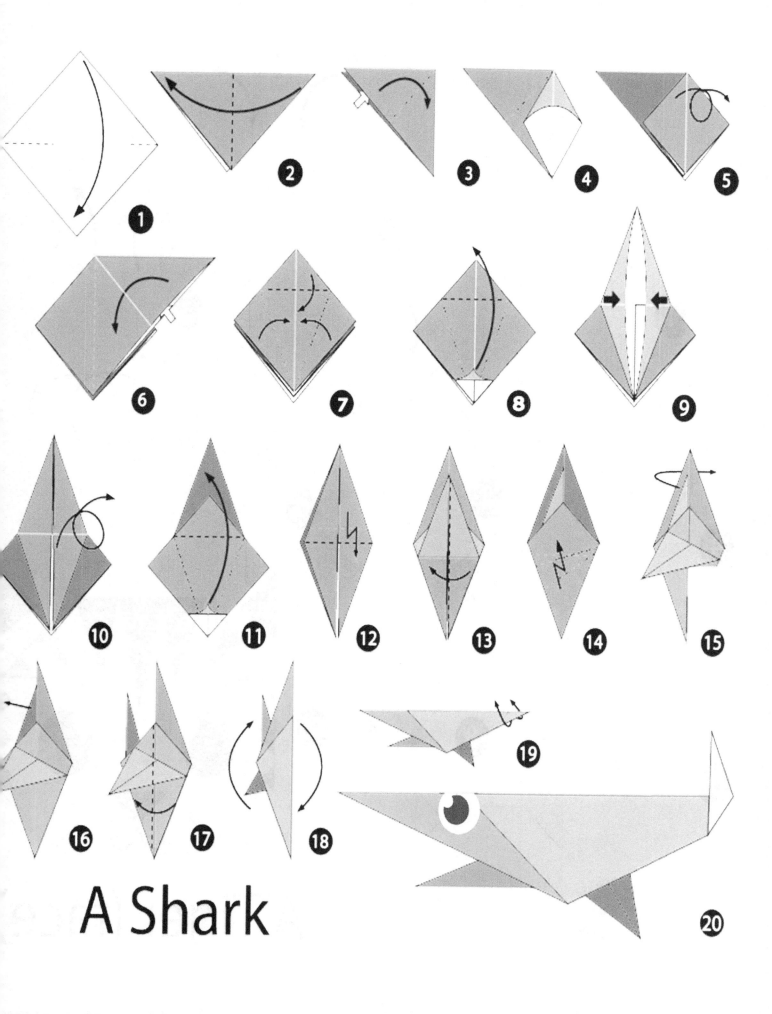

A Shark

A Tiger (face)

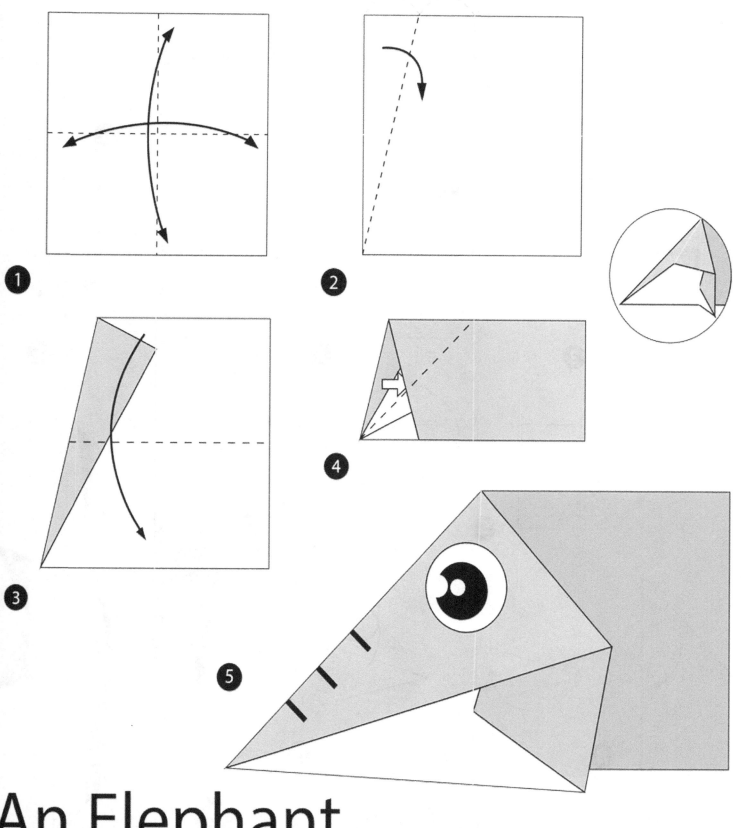

An Elephant

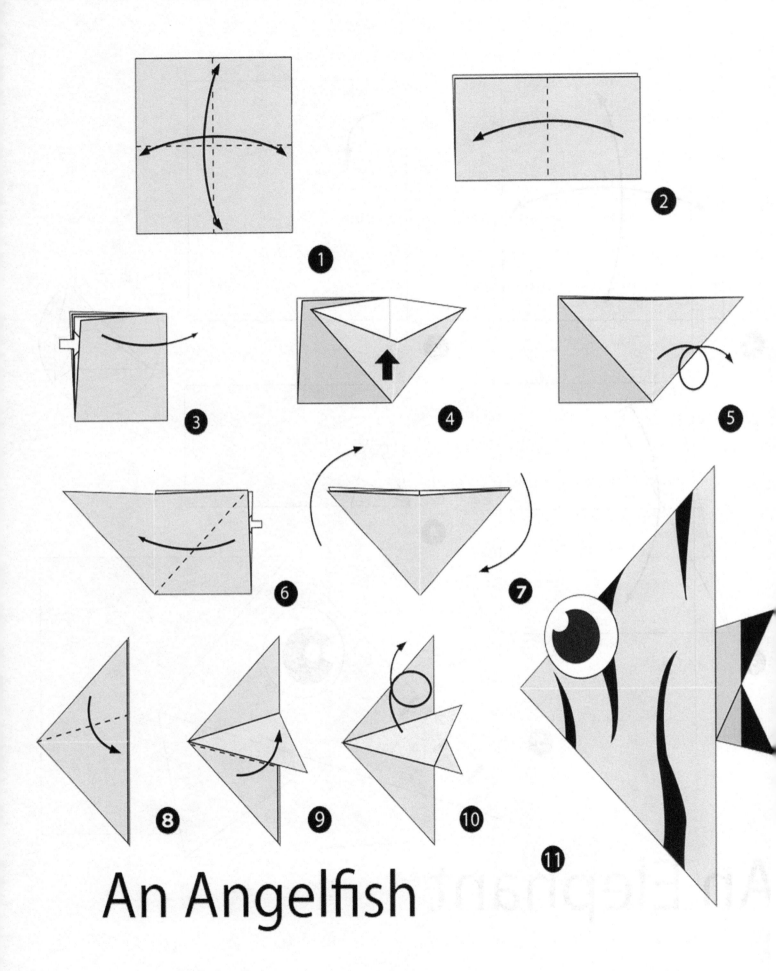

An Angelfish

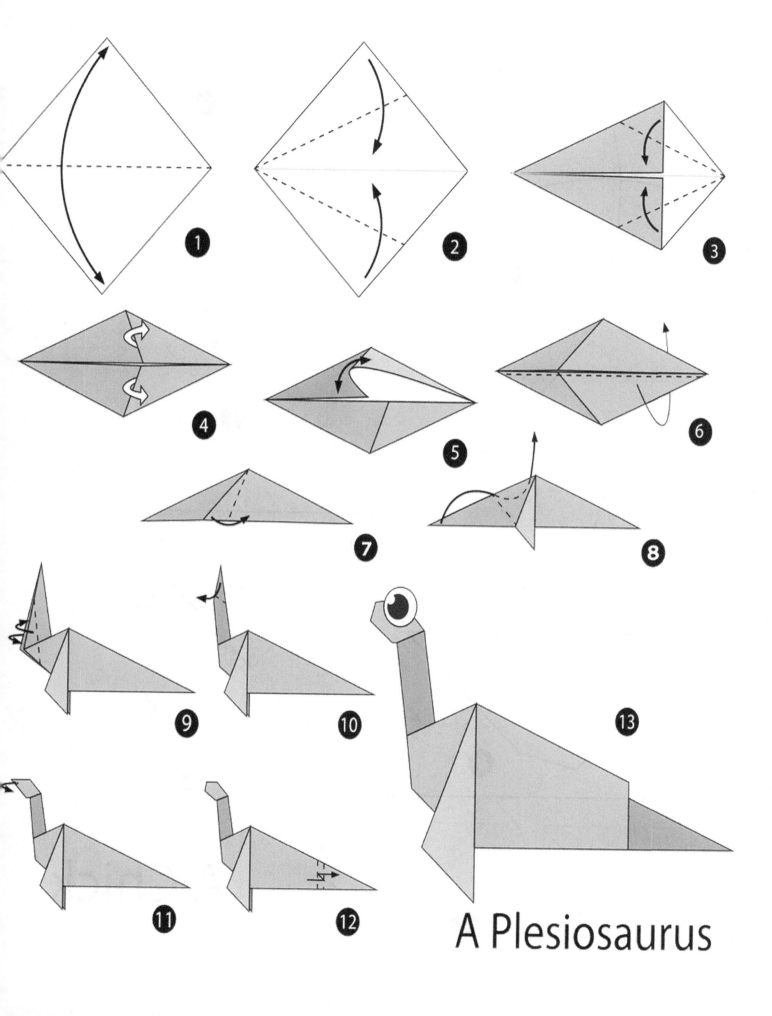

A Plesiosaurus

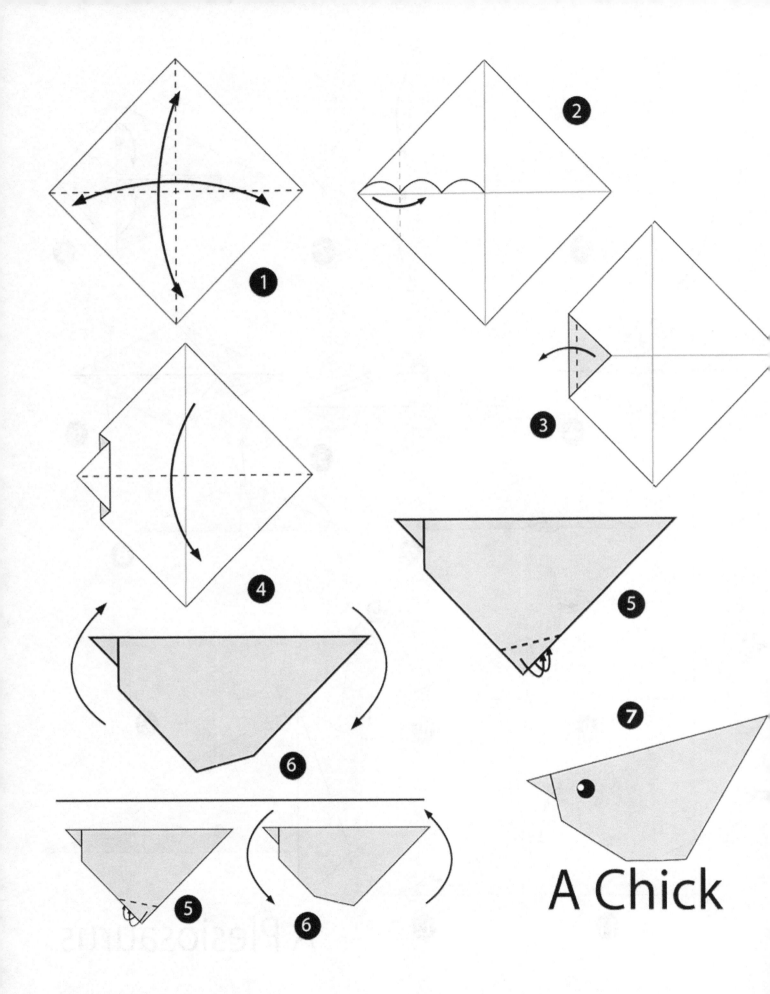

A Chick

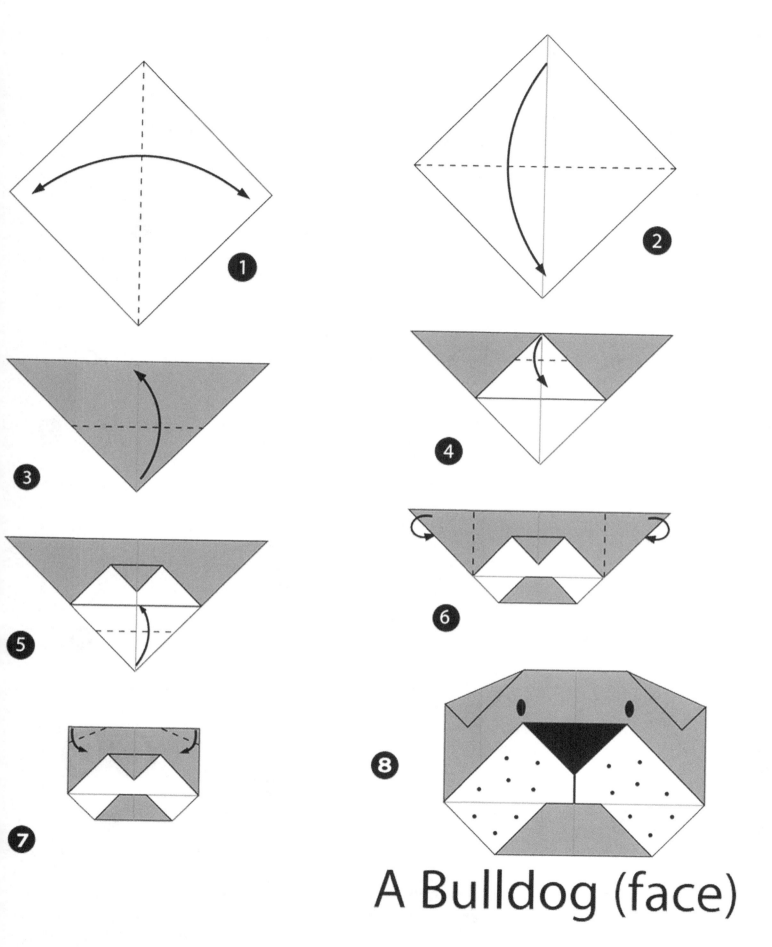

A Bulldog (face)

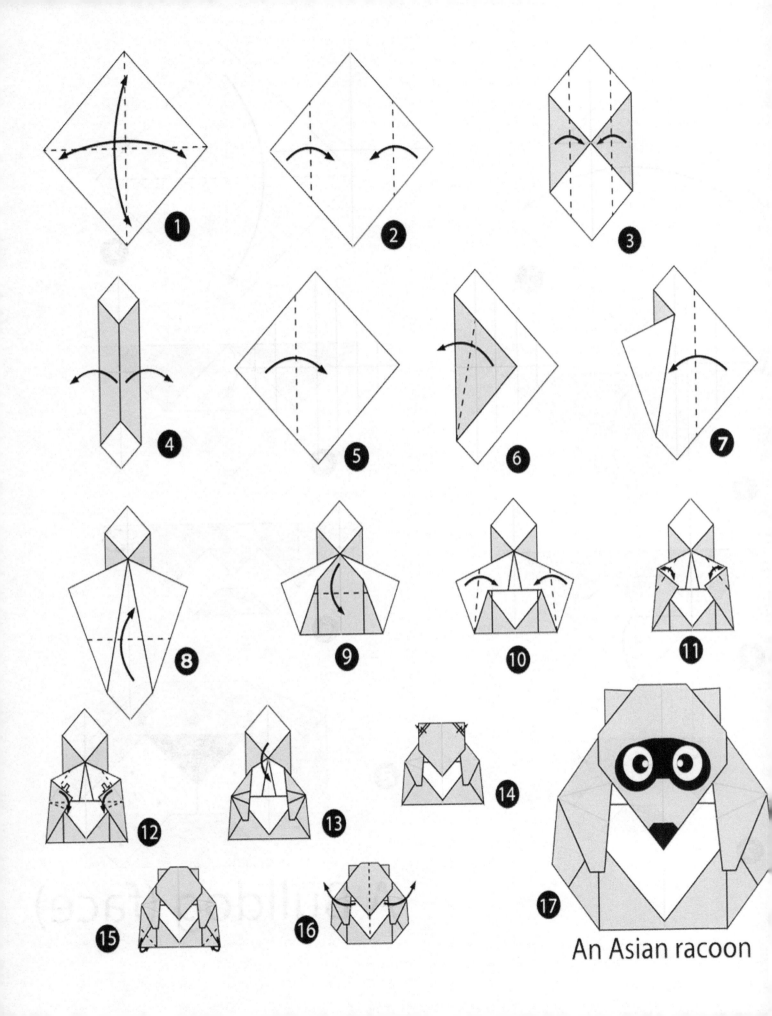

An Asian racoon

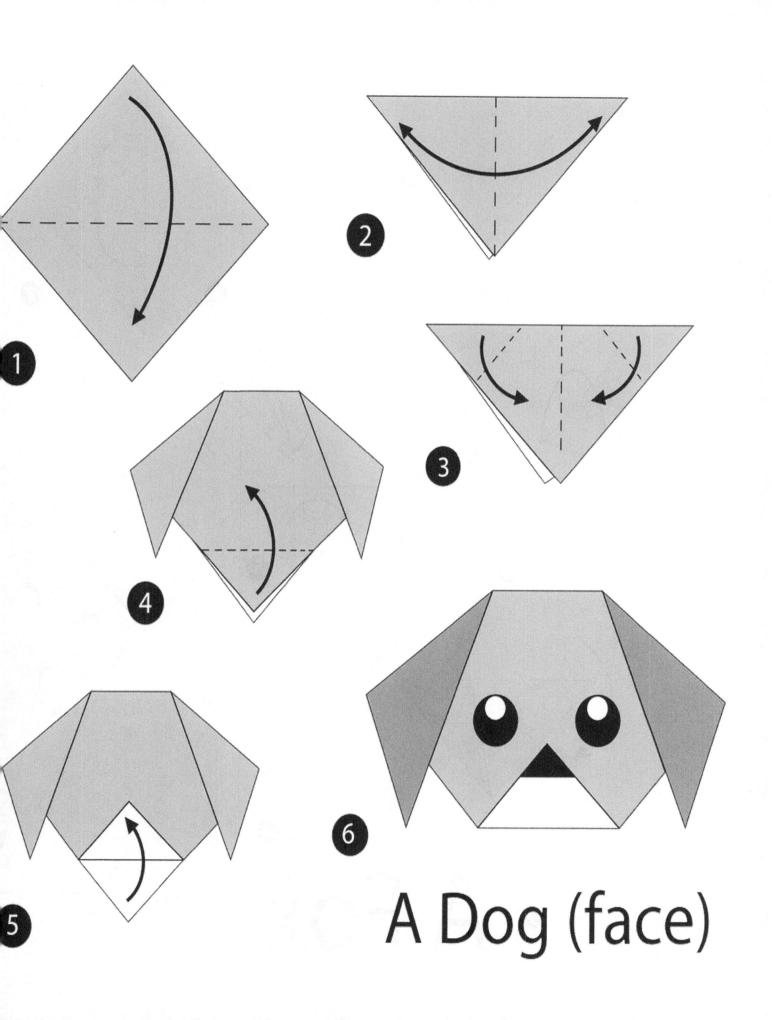

A Dog (face)

A Fox

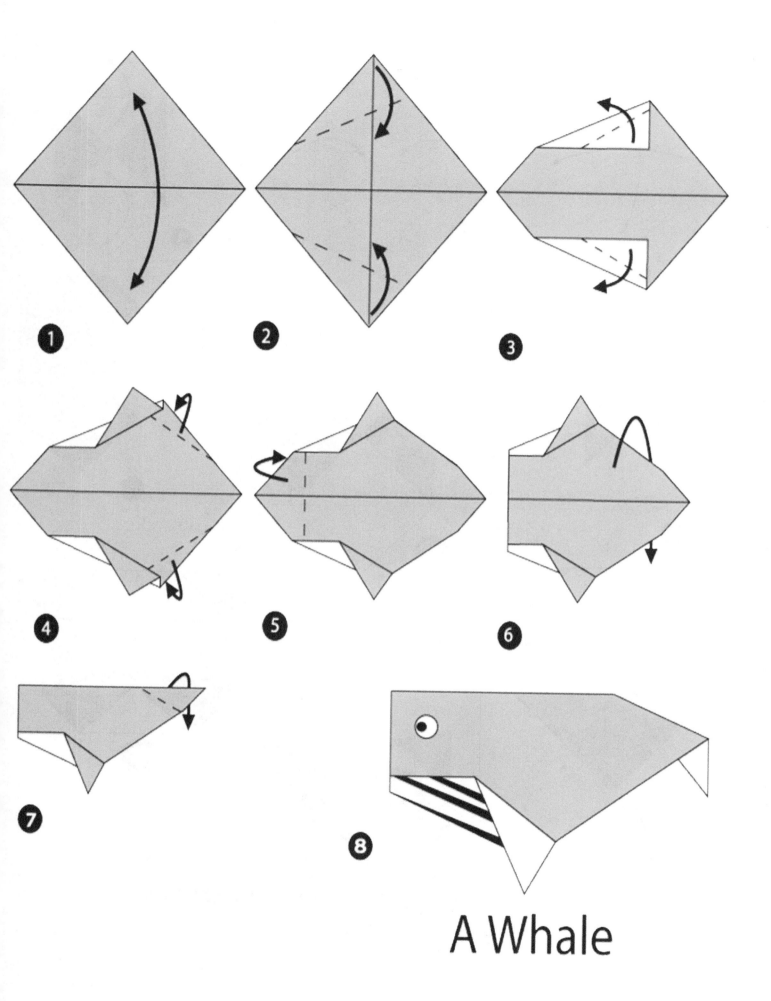

A Whale

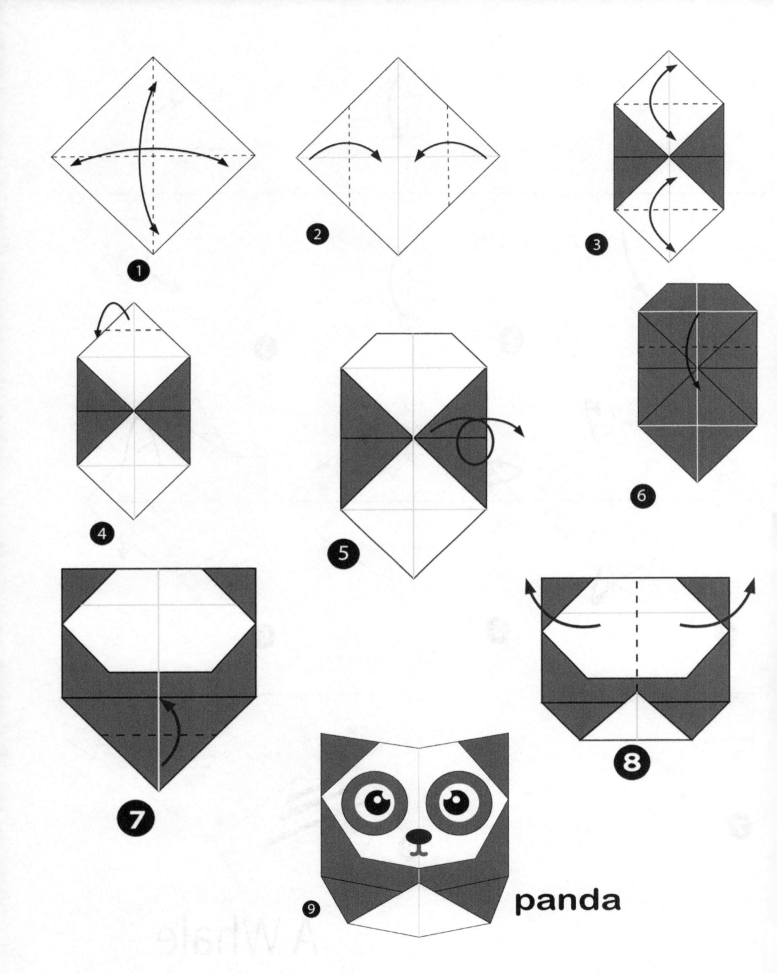

panda

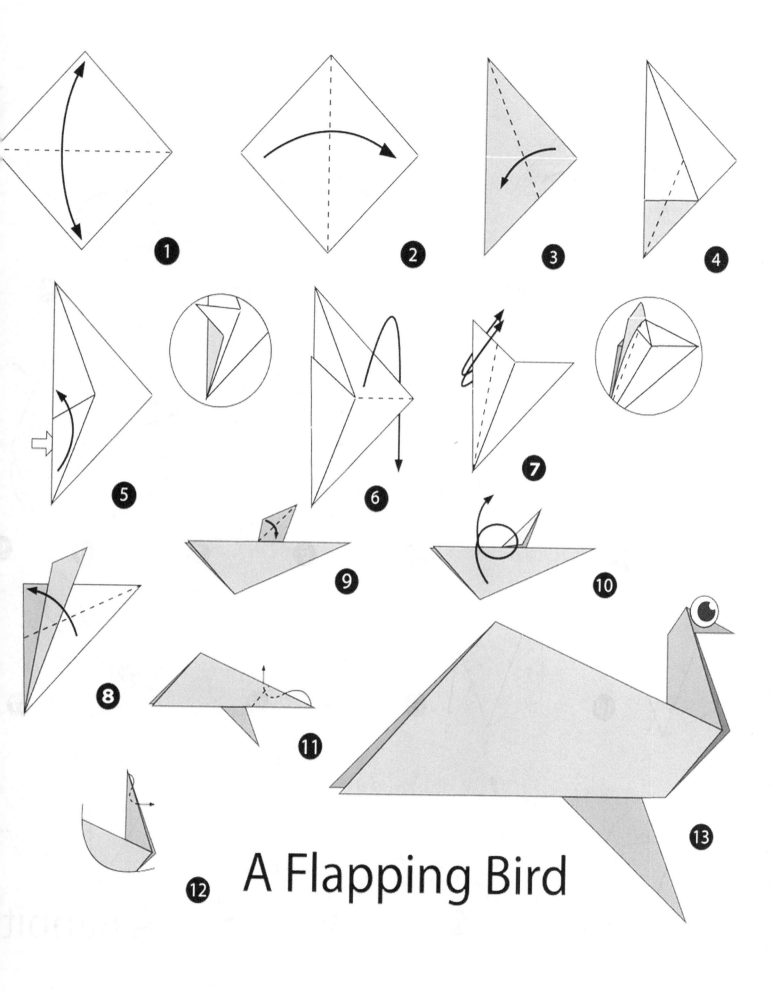

A Flapping Bird

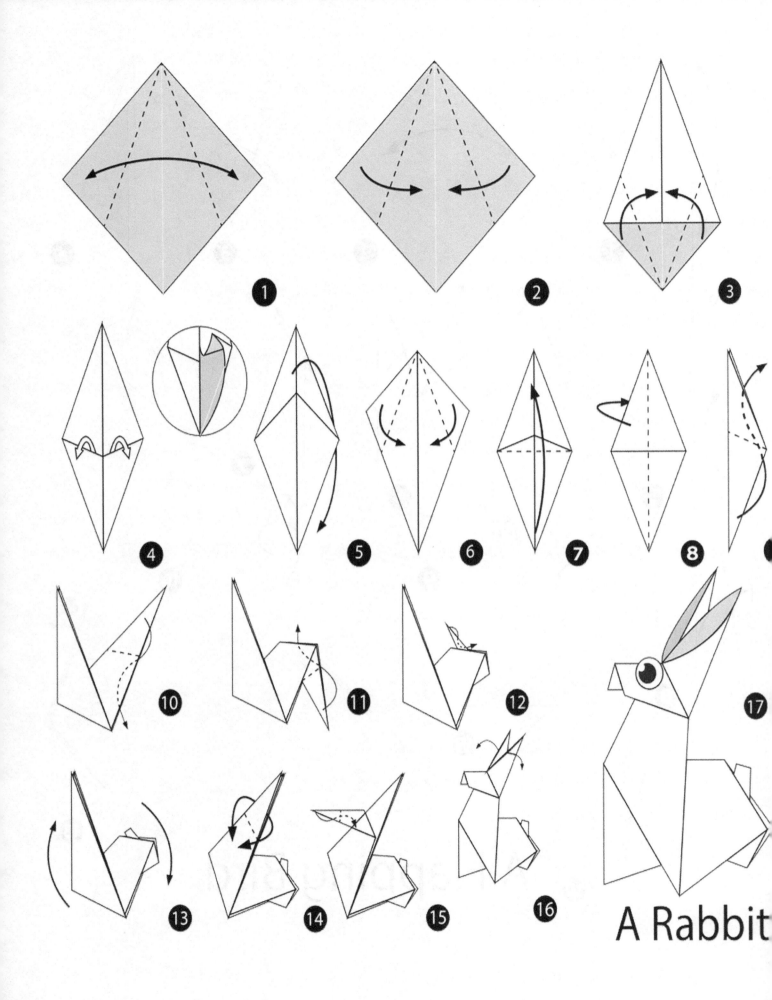

A Rabbit

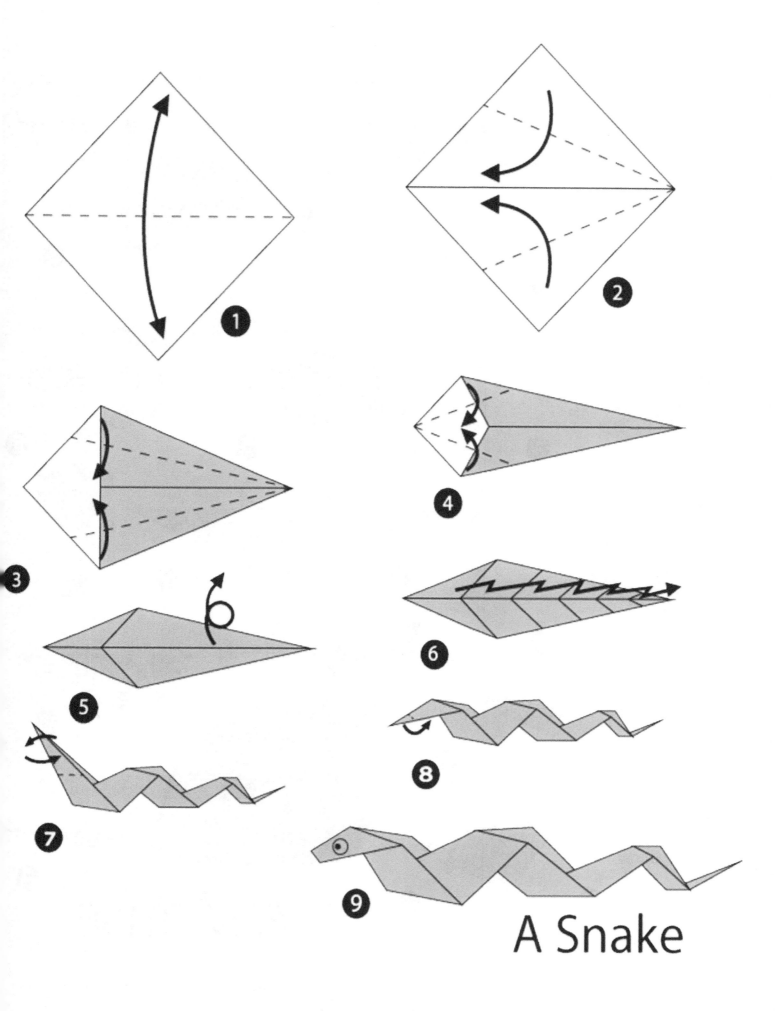

A Snake

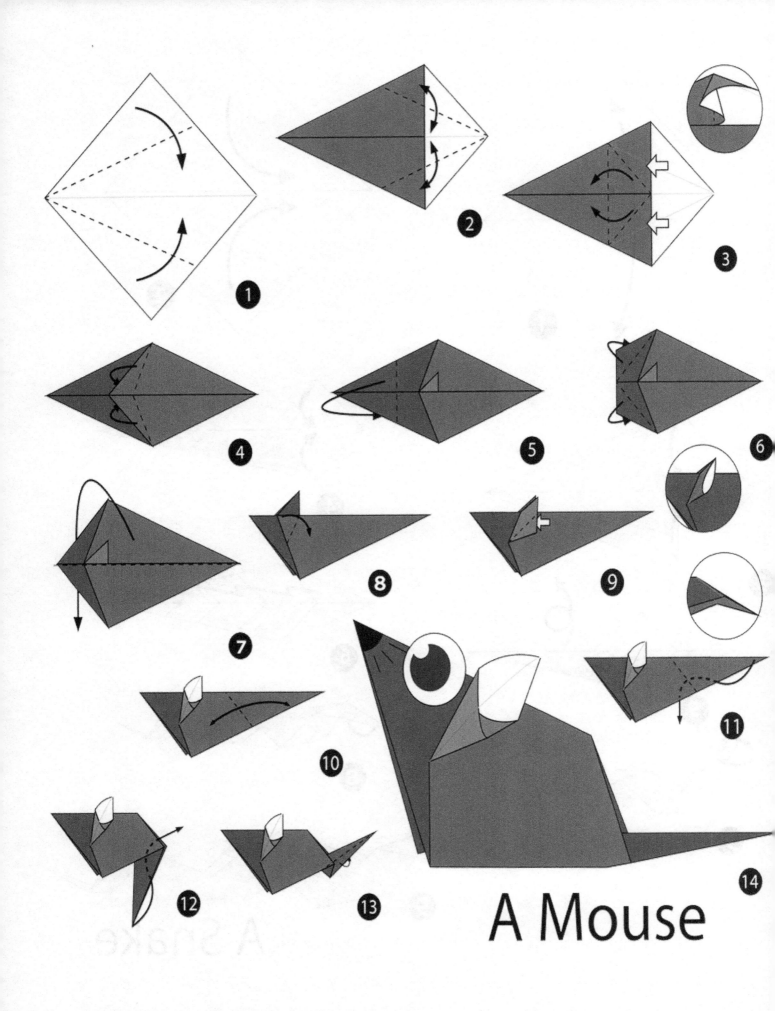

A Mouse

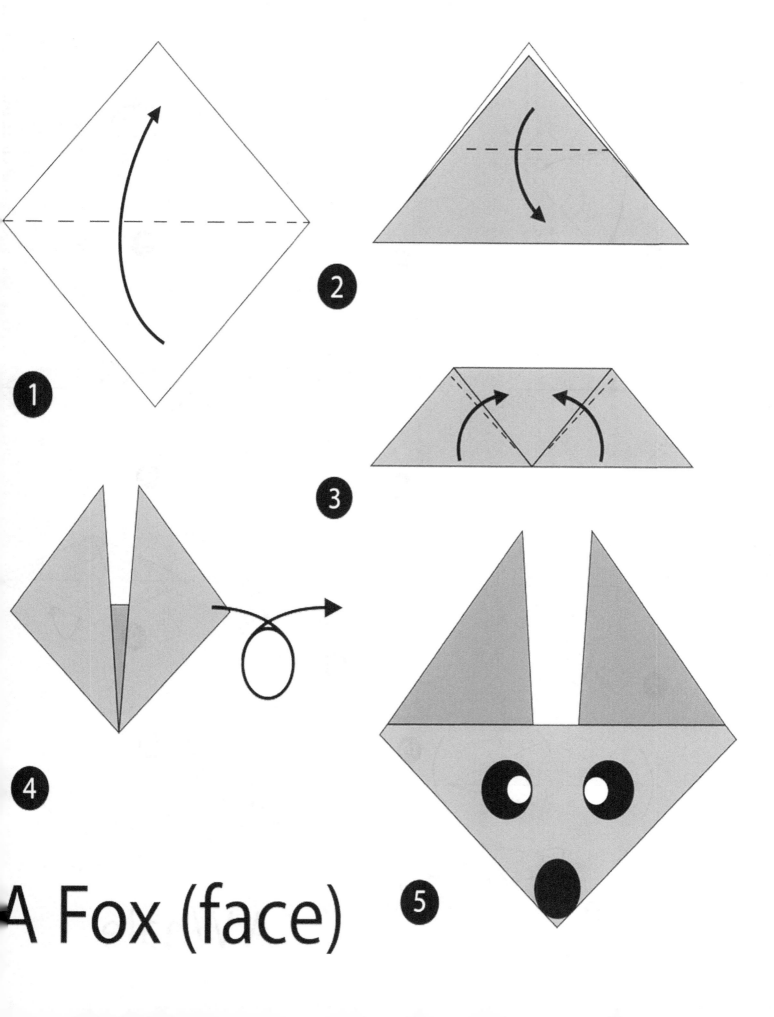

A Fox (face)

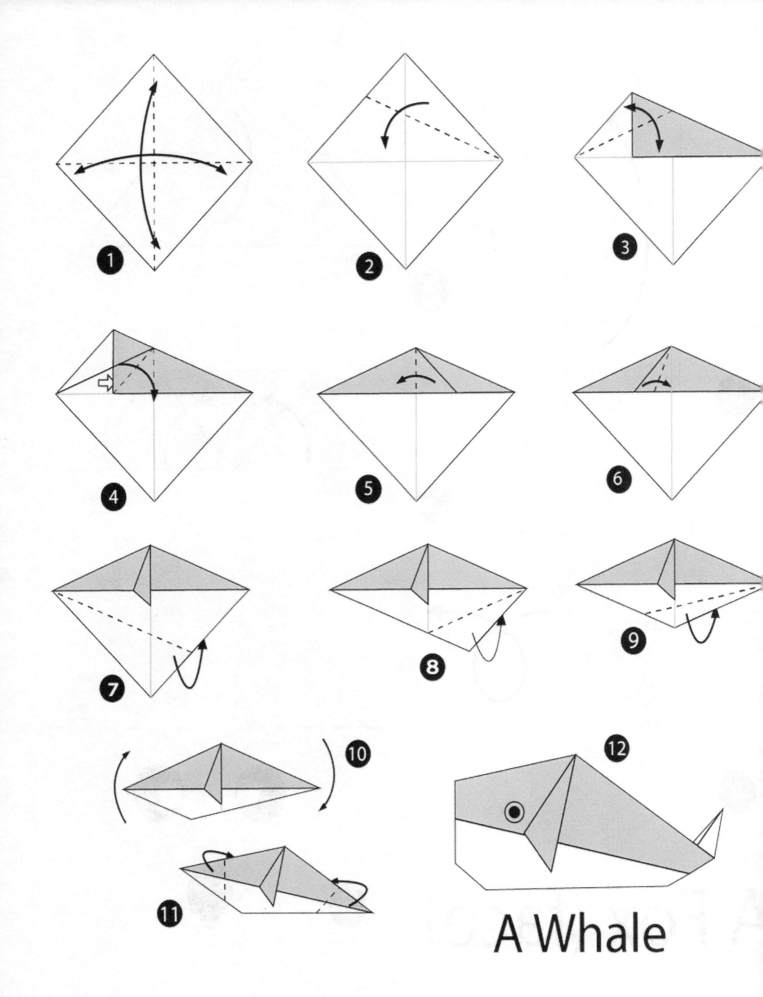

A Whale

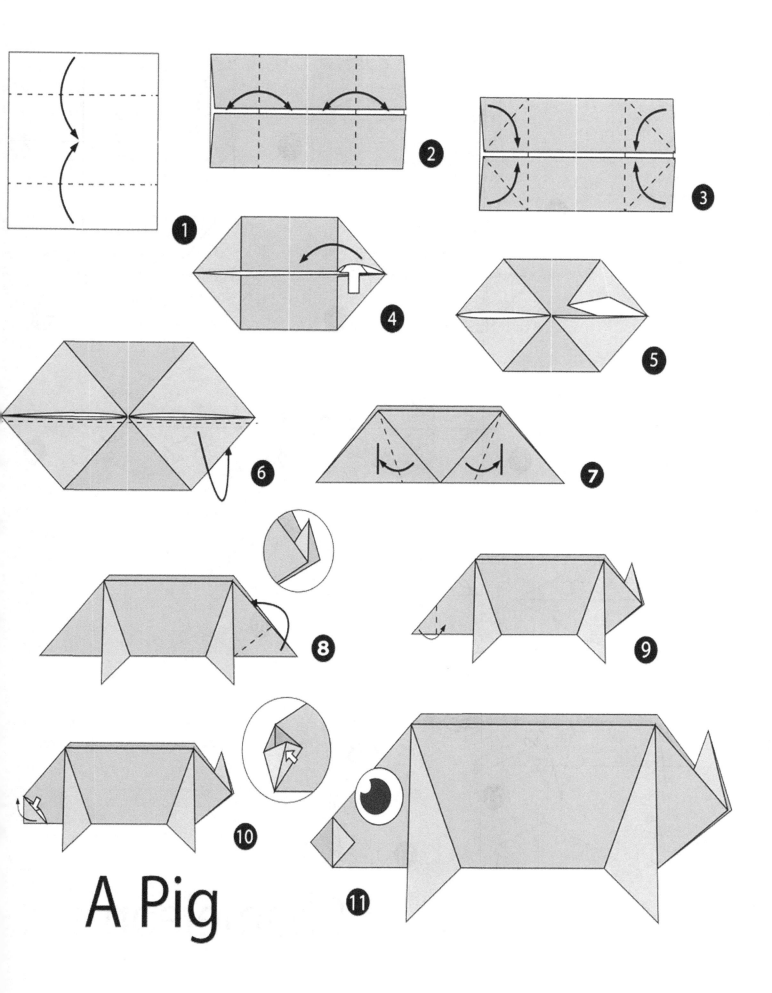

A Pig

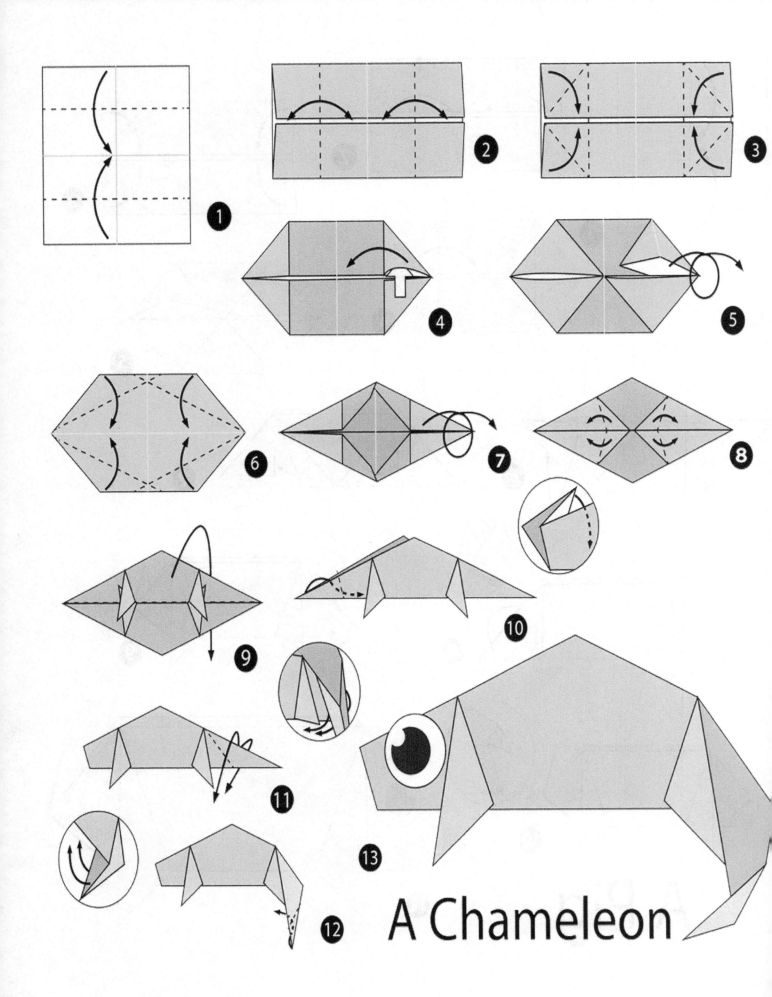

A Chameleon

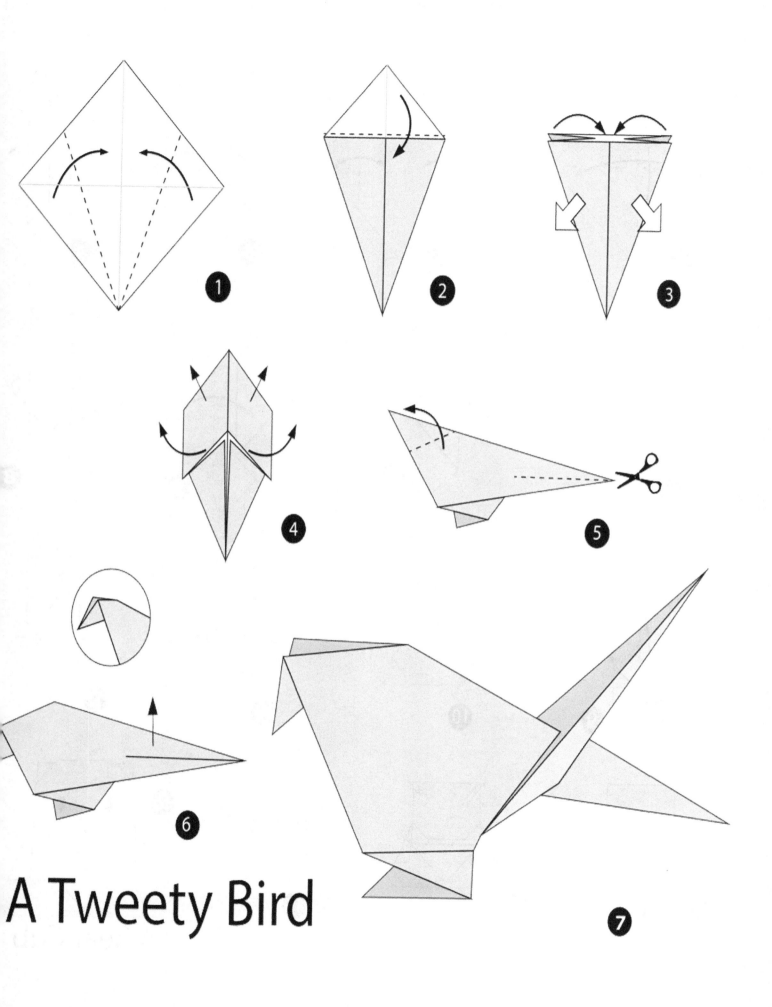

A Tweety Bird

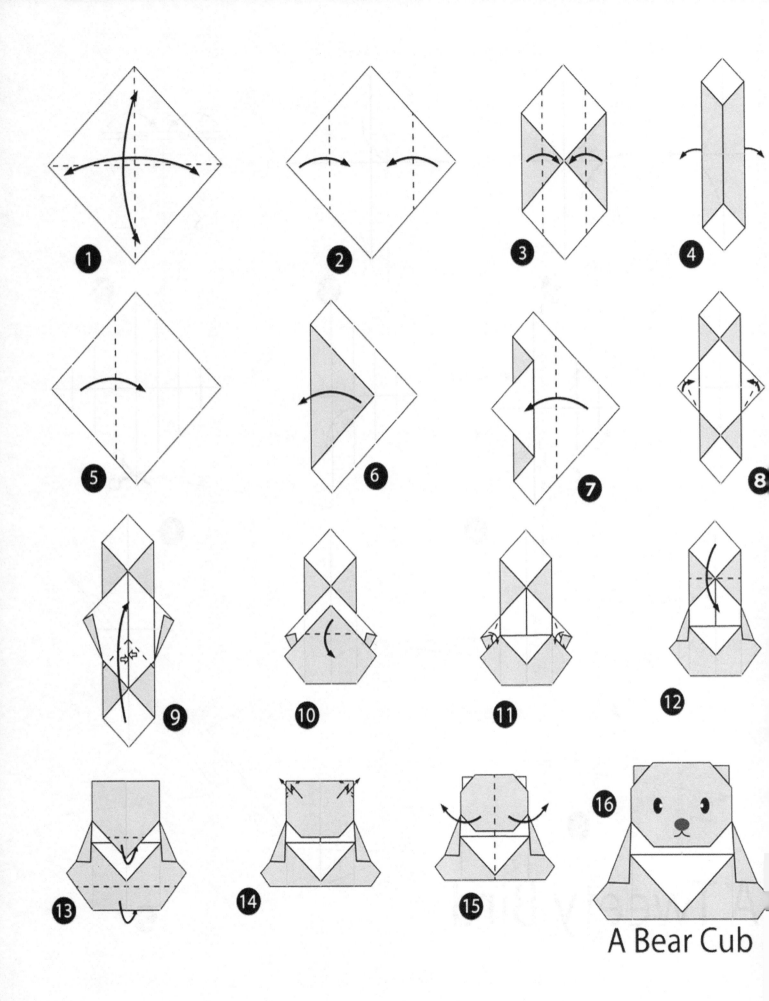

A Bear Cub

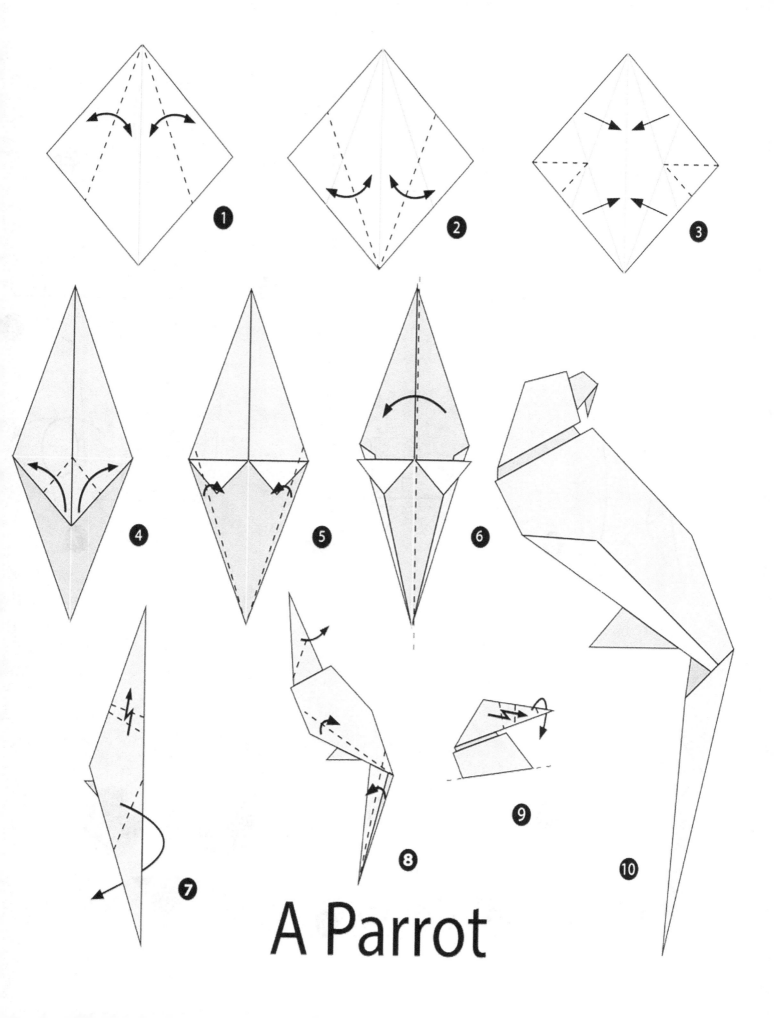

A Parrot

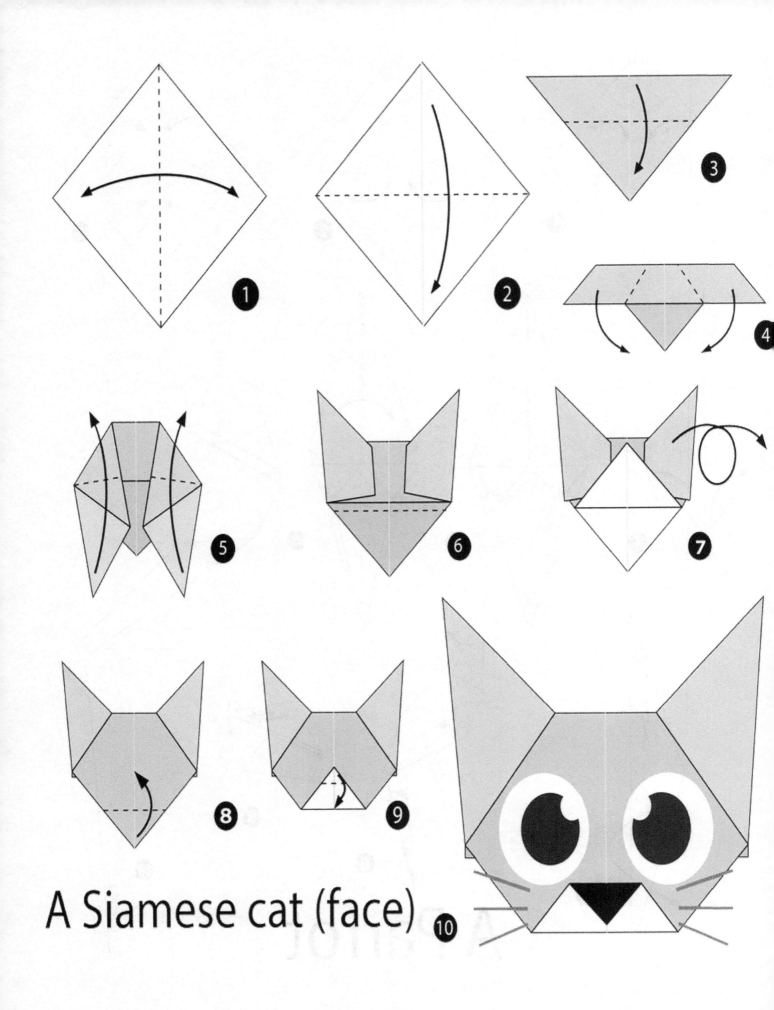

A Siamese cat (face)

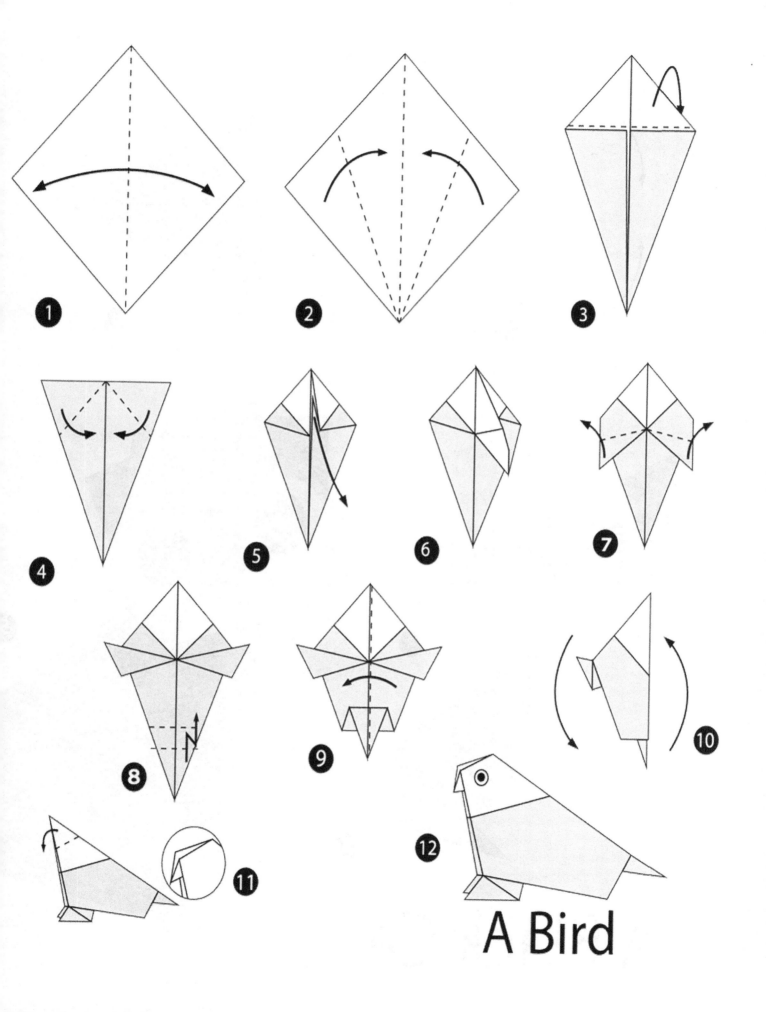

A Bird

A Black Cat

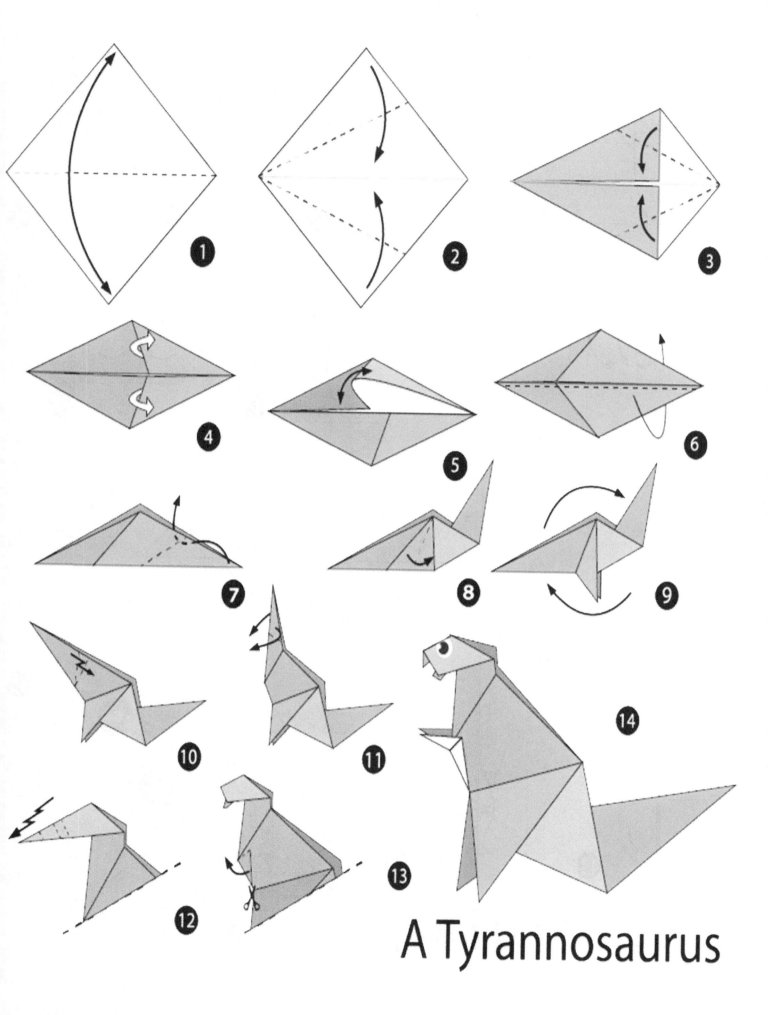

A Tyrannosaurus

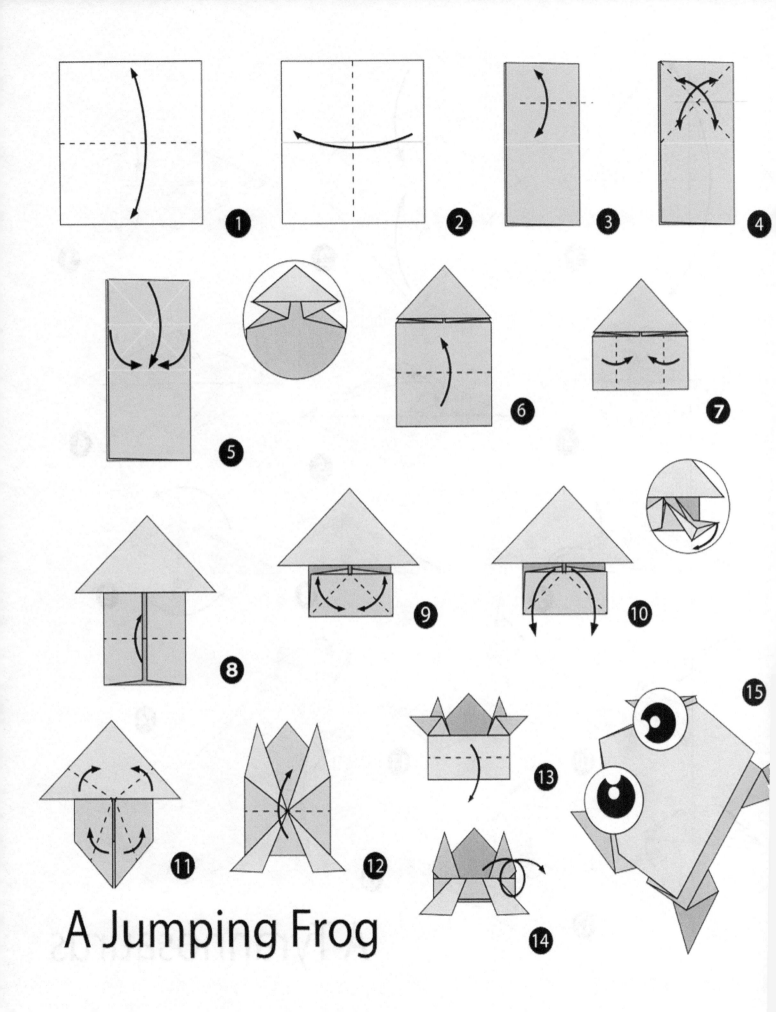

A Jumping Frog

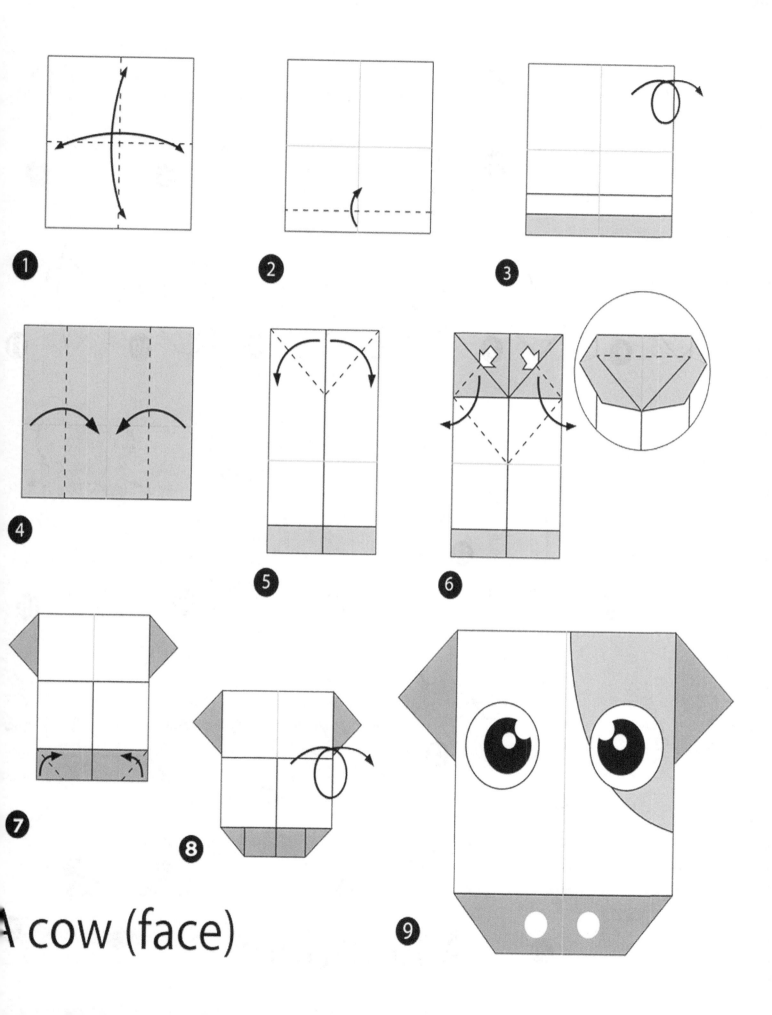

A cow (face)

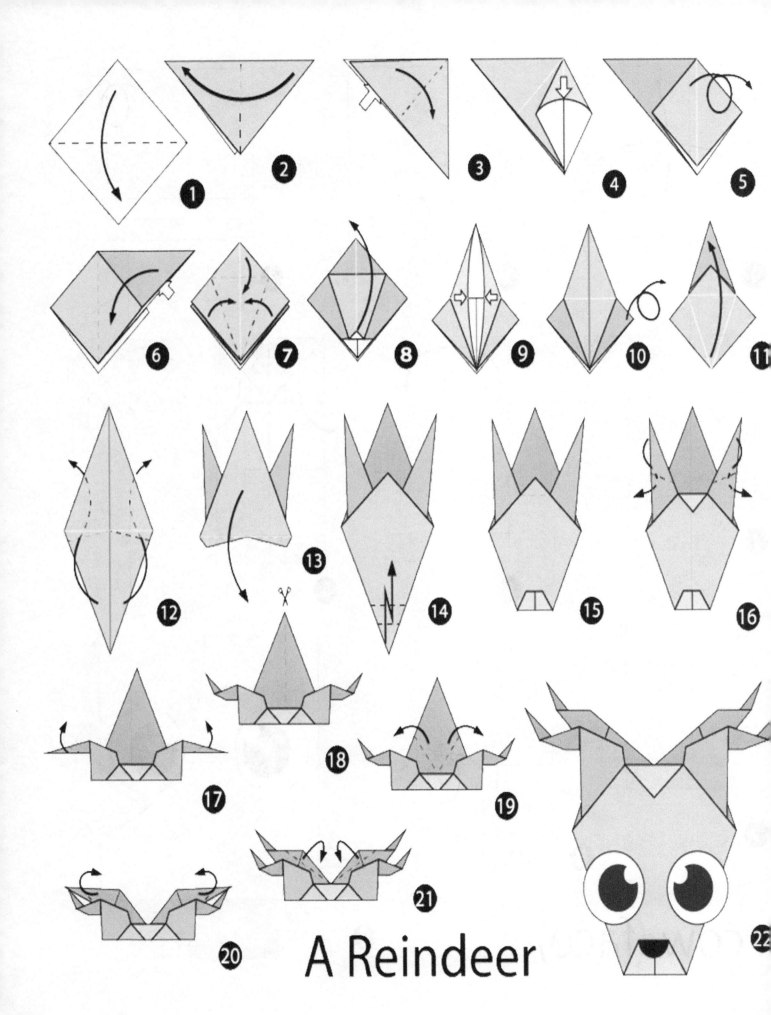

A Reindeer

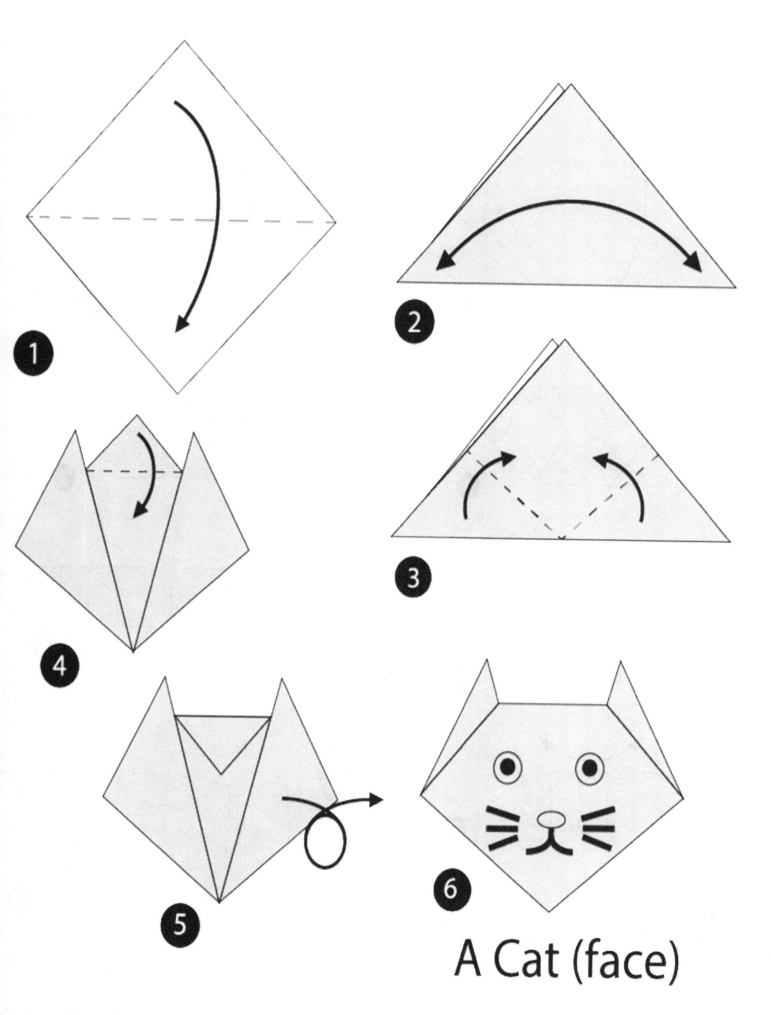

A Cat (face)

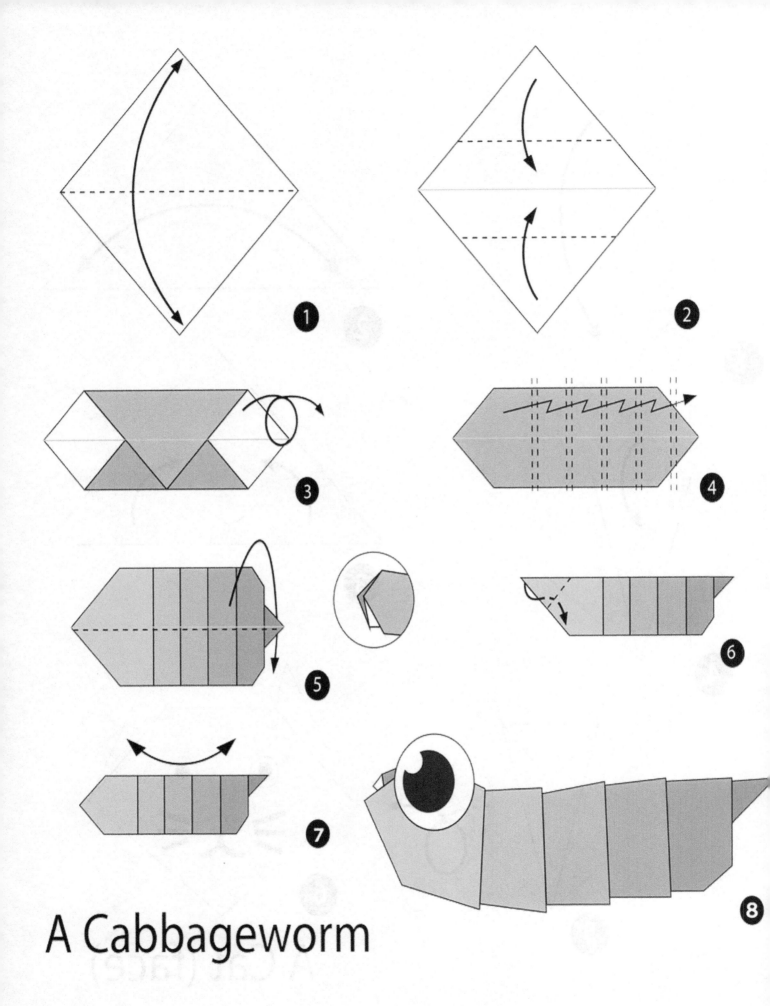

A Cabbageworm

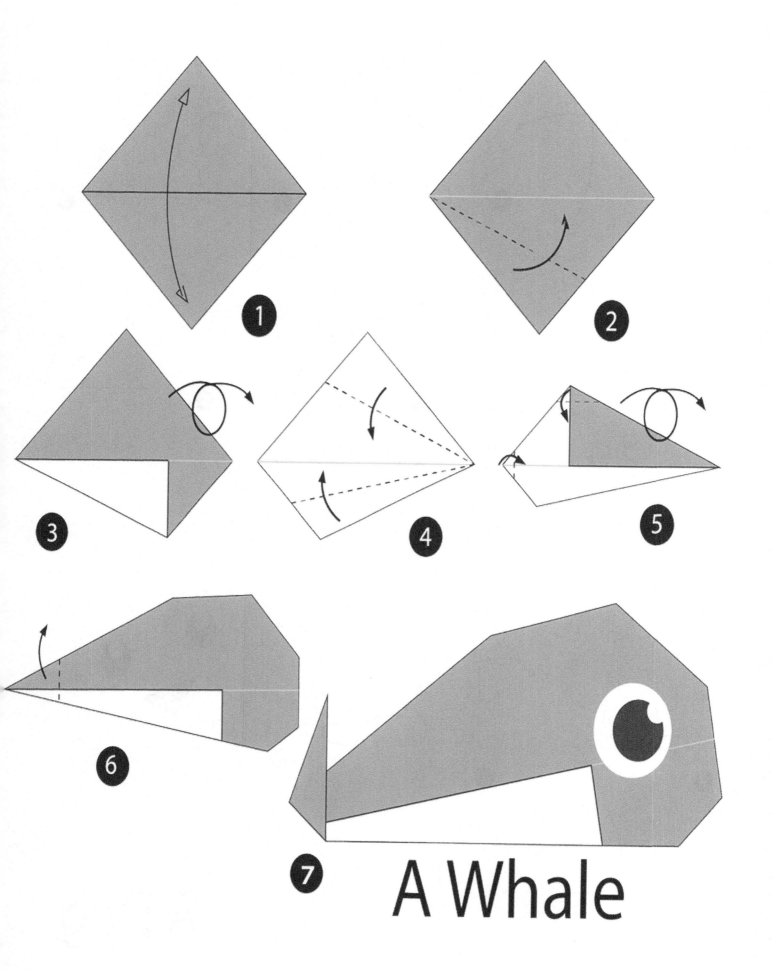

1

2

3

4

5

6

7

A Whale

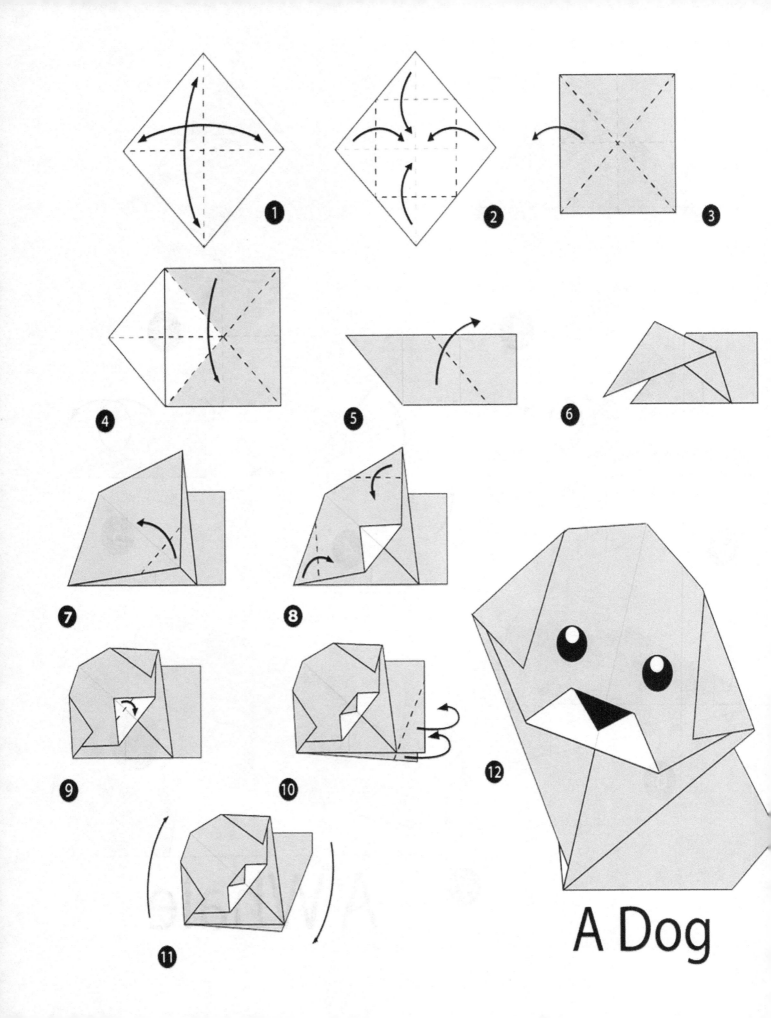

A Dog

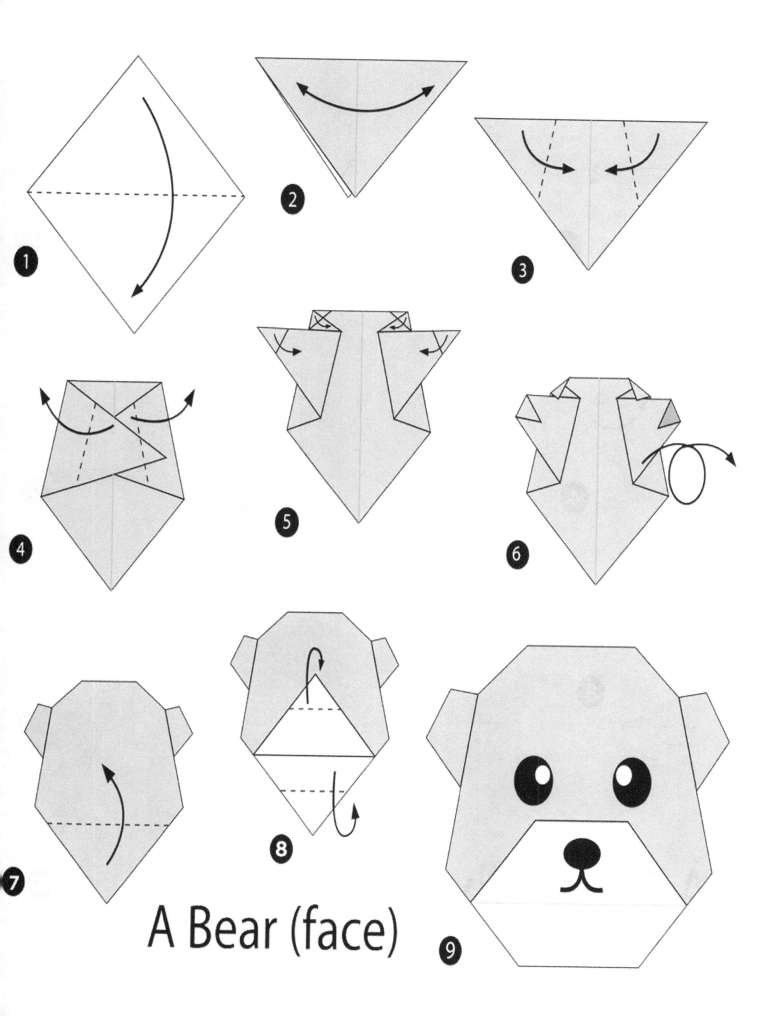

A Bear (face)

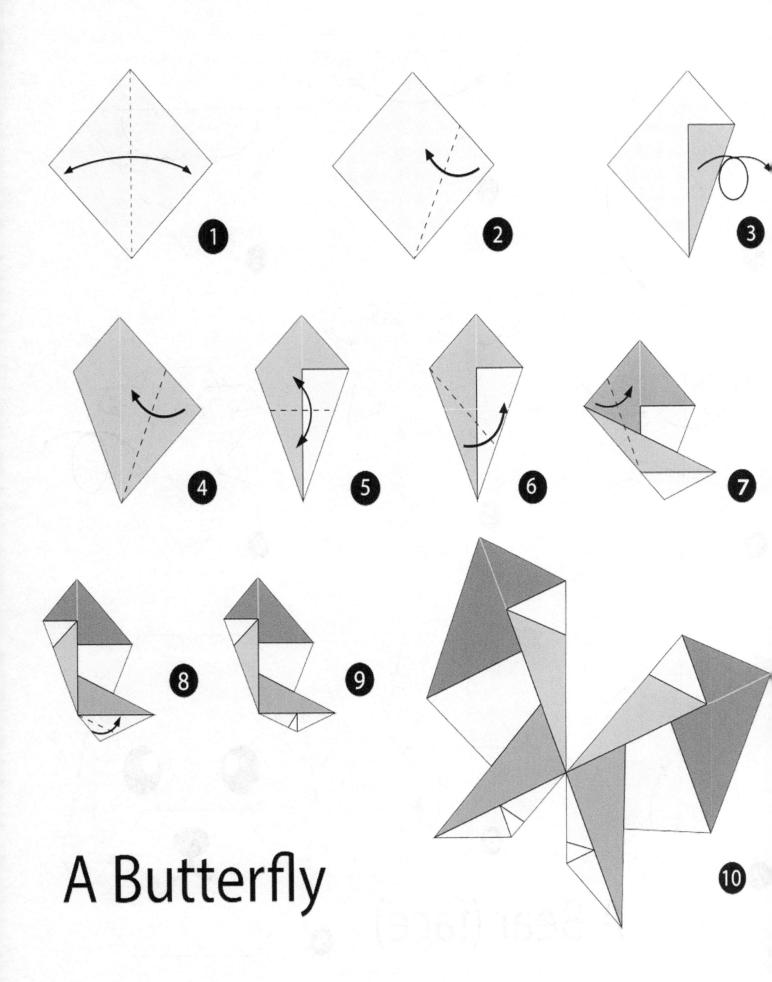

A Butterfly

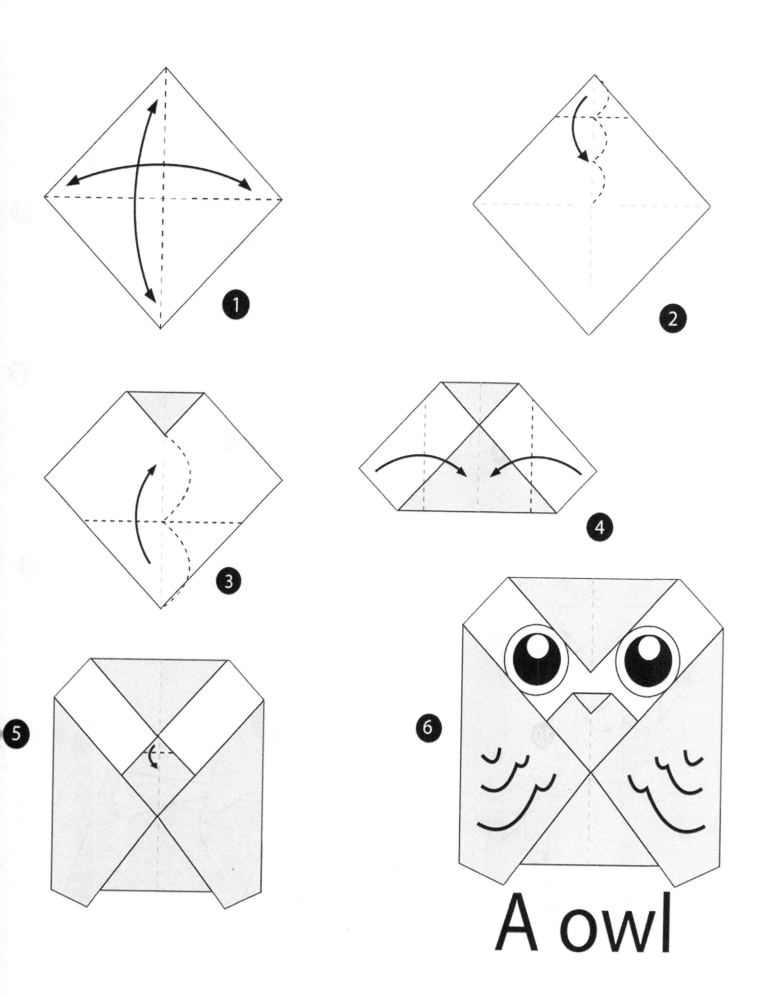

A owl

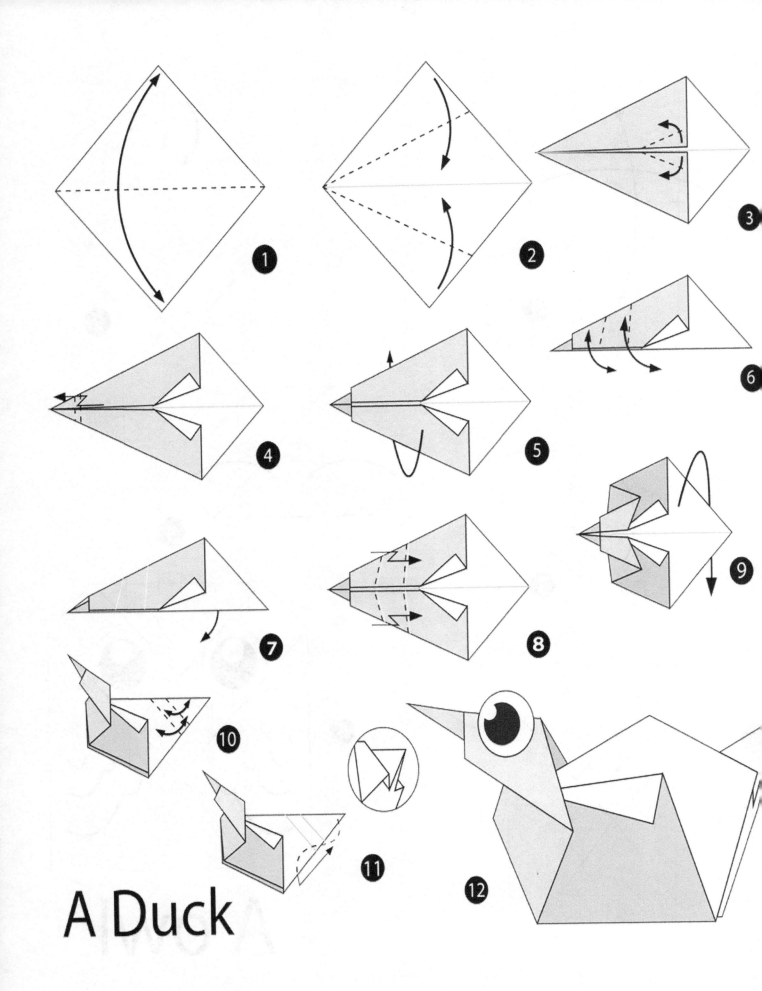

A Duck

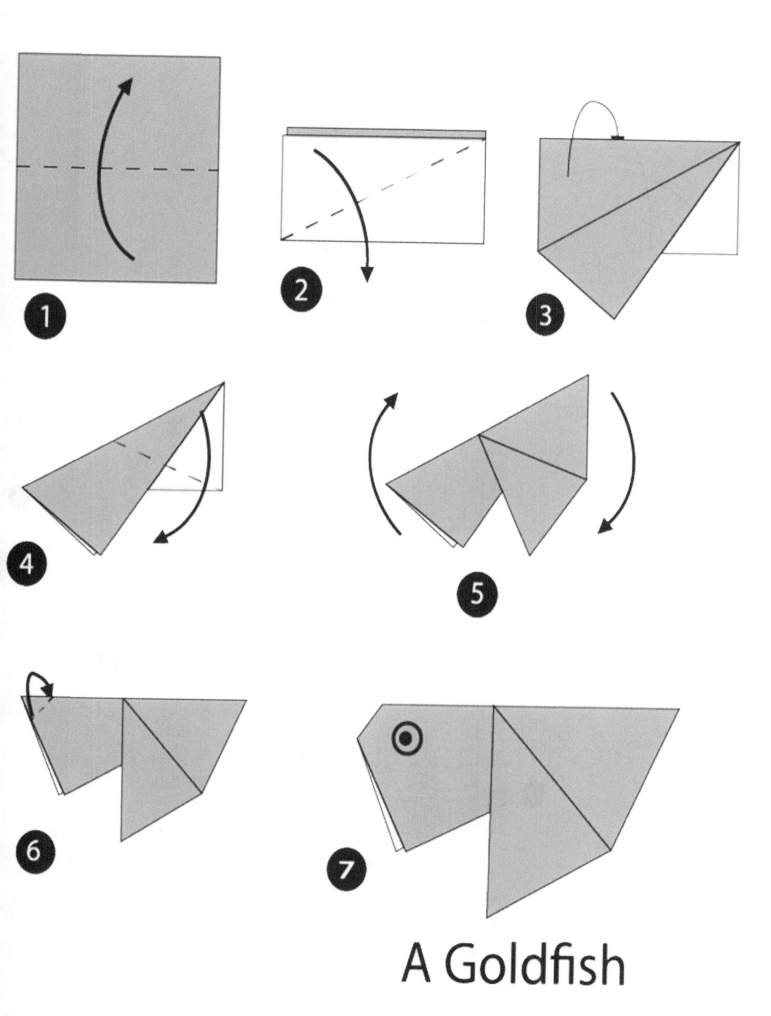

A Goldfish

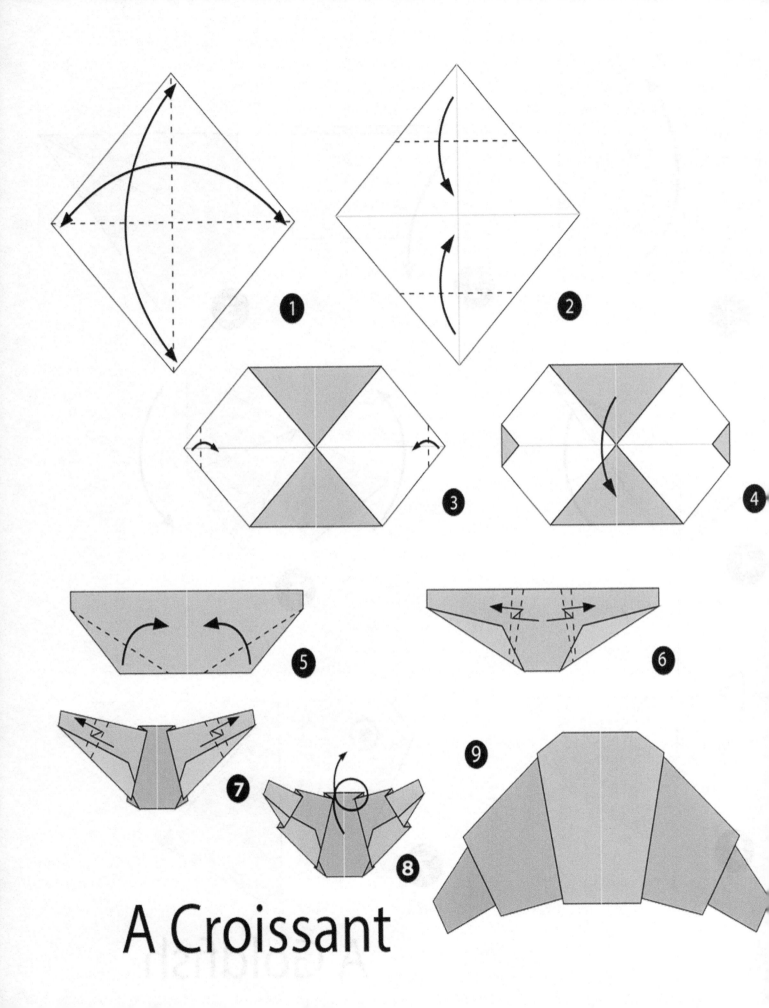

A Croissant

Made in the USA
Monee, IL
04 February 2024

52900773R00057